昭和の教科書とこんなに違う

驚きの日本史講座

河合　敦

祥伝社黄金文庫

源《みなもとの》頼朝《よりとも》も足利尊氏《あしかがたかうじ》も教科書から消えた

ためしにお子さんの歴史教科書を開いて、パラパラとページをめくっていただきたい。きっとみなさんの時代とゼンゼン違うことに、改めて驚かれることだろう。

まずビックリするのは、非常にビジュアルかつカラフルになっていることである。小学校の教科書などは、文字よりも絵や写真、図の分量のほうが多いくらいなのだ。なかには、ナビゲーター役として、人気のアニメキャラクターが登場するものさえある。学校にマンガを持ち込んで先生から叱られた世代としては、信じられない変化である。さらに小中学校だけでなく、なんと、高校の教科書までいつの間にかオールカラーになっている。

ただ、教科書の変化は、じつは表紙や装幀だけではない。

ご存知のとおり、教科書は数年後ごとに改定され、その内容はだんだんと更新されていく。そんなことから、二〇年も経つと、常識だと信じて疑わなかった歴史の学説が大きく変わってしまっている場合も少なくないのである。

目で見える部分として、一番はっきり実感できるのは、偉人の肖像画であろう。

たとえば、宮内庁が所蔵している聖徳太子像《しょうとくたいしぞう》（唐本御影）は、お札のモデルになった有名な肖像で、かつてはどの教科書にも掲載されていた。しかしこの肖像は、太子が没してから一〇〇年以上後につくられたもので、別人説も強いため、最近の日本史の教科書からは消えつつあるのだ。

さらにショッキングなことに、源頼朝像（京都の神護寺蔵）や足利尊氏像（京都国立博物館蔵）なども、信憑性に乏しいという理由でほとんどの教科書から削除されてしまっているのである。つまり、今の日本史の教科書では、頼朝の凜々しい顔や髪を乱して馬で疾駆する尊氏の姿はもう見られないのだ。

旧石器時代も大きく変化した項目の一つである。

科学的分析方法の進展によって、明石原人や牛川人といった原人や旧人の骨が、いずれも私たちと同じ新人や動物の骨であることが判明したのだ。つまり、私たちがかつて学んできたことは、真っ赤なウソだったのである。このため、現在の日本史教科書のすべてから、原人や旧人の骨は消えてしまっている。

先に触れた聖徳太子の項目も、私たちの頃とはゼンゼン違ってしまっている。彼は当時、聖徳太子などと呼ばれておらず、その政治力についても疑問視されるようになったため、日本史の教科書では「厩戸皇子《うまやどのおうじ》（聖徳太子）」と表記するものが多くなり、脇役扱いとなってきているのだ。

また、鎌倉幕府の創立年も一一八五年説をとる教科書が登場してきている。昔、「イイクニ（一一九二）つくろう」と懸命に覚えた年号は、いまや常識ではなくなりつつあるのだ。

新発見によって、歴史が変わってしまうケースも少なくない。
日本最古の貨幣とされた和同開珎《わどうかいちん》も、新たに大量に出土した富本銭《ふほんせん》に、その最古の地位が奪われてしまっている。

このように、絶対変わらないようで、けっこう大きく変わっているのが歴史教科書なのである。だからお子さんにうっかり歴史の話をしていたら、それはもう史実ではなかったということも、大いにありえるわけだ。

しかし、現在の歴史の教科書だって、じつをいえば定説や有力な説をまとめたものであり、最新の学説や新発見がすぐに反映されることはないのである。すなわち、かなりのタイムラグがあるのがふつう。そのうえページ数にかぎりがあるため、重要な歴史事象でありながら、こぼれ落ちて掲載されない史実も無数に存在する。

そこで本書では、まだ教科書に載っていない最新の学説や驚きの新発見、さらに教科書には載録されていないがとても重要な史実だと思われるものを、私の独断と偏見で集めてみた。

本書を一読していただければ、最新の日本史学説や新発見をよく理解していただけることと思う。

また、本書の中味をお子さんに話して聞かせてあげれば、親子の会話も弾むだろうし、きっと、お子さんから尊敬の眼差しで見られるのではないだろうか。

二〇〇九年　夏

河合　敦

昭和の教科書とこんなに違う
驚きの日本史講座
源《みなもとのよりとも》 頼朝も足利尊氏《あしかがたかうじ》も教科書から消えた　3

第一章　あなたが教科書で習った歴史はもう古い

一人もリストラをしなかった名将・直江兼続《なおえかねつぐ》　12
坂本龍馬が愛した「寺田屋」はニセモノだった　19
坂本龍馬と岩崎弥太郎の本当の関係とは？　23
知りたくなかった新選組の意外な真実　29
二〇一一年のNHK大河ドラマの主人公「江」ってだれ？　36
小林一茶の日記に記されていた謎の記号の意味　43

第二章　新発見でこんなに変わった古代史の常識

国宝に指定された「縄文のヴィーナス」ってなに？ 50
縄文時代の土偶は、いったい何の目的で作られたのか？ 55
猪を飼育していた縄文人、鯉を養殖していた弥生人 60
日本にかつて存在した驚くべき人間の葬り方 65
邪馬台国の最有力候補地―纒向《まきむく》古墳群とは？ 70
今の教科書には「大和朝廷」という王朝は載っていない？ 76
古墳研究に朗報⁉　いよいよ宮内庁が陵墓や陵墓参考地を公開 80
戦後の古代史を大きく変えた木簡とは？ 85
古墳時代にすでに九九《くく》は使われていた 89
立て続けに発見される『万葉集』の歌 92
奈良時代の東大寺には100メートルの塔がそびえていた 96
戦う前に論戦によって決着がついた珍しい国家の大乱 101

なぜ聖武天皇は五年近くにわたって迷走を続けたのか？　106
歴史のミステリー!?　記録に残らない謎の大寺院が出土　109

第三章　発掘品から昔も今も変わらぬ人間模様が見える

食品偽装ならぬ古代の偽造兜《ぎぞうかぶと》の謎に迫る　114
源氏物語は、幕末の英雄が暇つぶしに読んだ本？　117
「三筆《さんぴつ》」と「三蹟《さんせき》」を正確に言えますか　121
平清盛はなぜ太政大臣まで上り詰めることができたのか　126
吉田兼好の書いた『徒然草《つれづれぐさ》』は、切ない恋物語だった　129
教科書のなかの怨霊と足利尊氏　135
南朝初代の後醍醐天皇に対し、北朝初代の天皇は誰？　140
親子の確執が日本の政治・外交を左右した話　147
銀閣には、なぜ銀箔《ぎんぱく》が貼られていないのか　151

第四章　新たな調査研究が教科書を書き換える

知られざる織田信長の居城・岐阜城の謎　156
関ヶ原の戦いで西軍となって改易された大名のその後　160
なんと、伊達政宗の墓が発掘され、驚くべき真実が判明　164
本当は名君だった綱吉!?　生類憐《しょうるいあわれ》みの令の驚きの真実　169
発掘調査によって判明した大奥女性の意外な風習とは？　172
教科書に登場しないペットの日本史　175
なかなか教科書に載らない「色」のお話　179
相撲、剣道、柔道など、日本が世界に誇る国技やスポーツ　184
なぜ石見《いわみ》大森銀山は世界遺産に登録されたのか？　194
大正デモクラシーなんて、じつはなかった？　206

第一章 あなたが教科書で習った歴史はもう古い

一人もリストラをしなかった名将・直江兼続《なおえかねつぐ》

二〇〇九年のNHK大河ドラマ『天地人』がなかなか好調である。ご存知のとおり、主人公の直江兼続は、豊臣政権の五大老で会津一二〇万石を領する上杉景勝《うえすぎかげかつ》の重臣である。いや、重臣というより、宰相といったほうがよいだろう。すでに二十代の頃から兼続は主君景勝より、上杉家の政務を一任されていたからだ。大河ドラマで主役の兼続を演じているのは、妻夫木聡《つまぶきさとし》さんである。彼の爽やかな演技が人気を呼んでいるらしく、視聴率はかなり好調のようだ。史実の直江兼続もあんなにイケメンだったのだろうか。

現在に残る肖像画を見るかぎりでは、ただ、いずれの肖像も年配になってからのものであり、若い頃は相当カッコよかったらしい。江戸時代に記された『名将言行録』（岡谷繁実著　岩波文庫）には「兼続人と為り、長高く姿容美しく、言語晴朗なり」と記されている。つまり、「身長が高くて美しい顔立ちをし、その言葉も明朗だった」というのである。

さて、今後NHKの大河ドラマは、関ヶ原合戦がクライマックスになっていくことだろ

直江兼続肖像画（米沢市上杉博物館所蔵）

う。

巷説によれば、直江兼続は五奉行の石田三成と親密で、豊臣政権で専横をふるう徳川家康を倒すべく、互いに密約を結んだという。そして、わざと家康を挑発する手紙を認めて、家康を会津征伐に誘い出したのだとされる。この書状を俗に直江状と呼ぶ。

家康は、景勝が国元会津に戻って城下町整備をしていることに対し、密かに謀反を企んでいるのではないかと疑い、その弁明のために大坂へ来るよう求めた。このさい、兼続が認めた反駁《はんばく》文が直江状である。そこには、景勝の無実と家康に対する批判が整然と記され、場合によっては家康との対決も辞さない覚悟が表明されていた。

これに激怒し、家康は大軍を率いて会津へ向かうことになった。つまり、三成との密約に従ってまんまと家康を誘い出し、彼が大坂を離れている隙に、三成は上方で挙兵することができたのである。

これまでは、そのように言われてきた。だが、この『上杉家御年譜』に載録されている直江状の原本は存在せず、文章を読むと、当時の言葉遣いとして怪しいところが多々あり、後世の偽文書ではないかと考えられている。さらに、三成と兼続の密約というのも史実的に確認できないのだという。

すなわち、一番の見せ場が、じつはウソだった可能性が高いわけだ。このあたりを大河ドラマはどのように描いていくのだろうか、今後がとても楽しみである。

さて、直江状と密約が史実でなかったとしても、私はいささかも直江兼続の魅力が減じるとは思っていない。彼の真骨頂は、むしろ関ヶ原合戦後にあるといえる。

戦後、上杉家は会津一二〇万石から出羽国置賜郡《でわのくにおきたまぐん》、陸奥国信夫郡《むつのくにしのぶぐん》・伊達郡《だてぐん》の三郡あわせて三〇万石に減封された。わずか四分の一に領土を削られてしまったのである。

同じく戦後の論功行賞で三分の一に減封された常陸の佐竹氏は、秋田への転封にあたり、下級武士の多くをそのまま常陸に残して新地秋田へと移った。しかし直江兼続は、自ら希望しないかぎり、すべての藩士を本拠となる米沢へ連れて行く決断をしたのである。誰一人リストラしなかったところに兼続の偉さがあるといえよう。

ただ、領土が減ってしまったので藩士の家禄は三分の一とした。しかし、兼続は自分の領地を六万石から十分の一以下の五〇〇〇石に減らしたので、誰も文句をいうものはいなかった。

会津から米沢への転封は、非常に困難をともなった。米沢城下には武家屋敷が八〇〇戸程度。さらに城も単郭で二の丸や三の丸もなかった。そうした地域に三万を超える家臣団とその家族や郎等が引っ越してくるわけで、一棟の武家屋敷には二家族、三家族が同居するような状態となり、それでも人があふれ、下士などは郊外に掘立小屋をつくって仮住まいさせたという。

慶長九年（一六〇四）から兼続は二の丸の普請など、城下町建設に本格的に乗り出していったが、狭い城下なので屋敷地は藩士の禄高の上下を問わず、奥行二五間とし、垣根には食糧となるウコギを植えさせた。武家屋敷は慶長十六年あたりにおおよそ完成し、あわせて三〇〇〇の屋敷が建ち並ぶようになったが、掘っ立て柱に藁葺き屋根のとても粗末な家であったという。

戦後兼続は徳川家との関係を修復するため、家康の寵臣本多正信に接近し、慶長九年には、正信の次男政重を婿養子に迎えた。じつは兼続には景明という息子がいた。それにもかかわらず、こうした措置をとったのである。なお、景明が家康の近習だった戸田氏鉄の娘と結婚したさい、正信に媒酌を頼んでいる。このように、兼続は上杉家安泰のために涙ぐましい努力をはらったのだ。

同時に、万が一に備えてすさまじい軍事力の強化をはかった。とくに鉄砲の威力に着目した。慶長九年、兼続は近江国国友村から吉川総兵衛、堺から和泉屋松右衛門という鉄砲職人を二〇〇石という高禄で招き、彼らに吾妻山中の白布という場所でそれぞれ五〇〇挺もの鉄砲を製造させたのである。さらにその後は年間二〇〇挺ほどの鉄砲や大砲を製造させた。吾妻山中には火薬の原料である硫黄が豊富に採れたこともあり、米沢藩は短期間で鉄砲の大量生産国となった。

兼続はこうして製造した鉄砲を足軽に持たせ、徹底的な訓練を施した。扱いがうまい者には銀を与えたが、上達しない者は扶持を没収したと伝えられる。上杉家には『鉄砲稽古法度』などの鉄砲関係史料が多数残っており、兼続が熱心に研究させた痕跡を見出すことができる。

軍事改革に力を入れるとともに、兼続は農業改革にも力を注いだ。

まずは治水灌漑《かんがい》に力を入れ、城下を流れる松川に石積の堤防をつくった。これを蛇堤と呼ぶが、兼続自ら陣頭指揮にたったといわれる。同じくその南にも直江石堤と呼ぶ堤防を構築している。さらに帯刀堰《たてわきぜき》、猿尾堰などを築いたり、木場川や掘立川を開削するなどして農地を安定させ農業を盛んにしたのである。そのうえで漆、桑、青芋《あおそ》、ベニバナ、楮《こうぞ》、柿といった商品作物の栽培を奨励し、藩の専売とした。また鉱山を開発し、鋳物業を盛んにしていった。これによって米沢藩の実収は、江戸時代初期に五〇万石を超えるまでになったのである。

このように米沢藩の初期藩政に力を尽くした兼続だったが、藩の文事も盛んにした。貴重な古典や古書を蒐集《しゅうしゅう》し、禅林文庫を創建してそこに保存するとともに、銅活字を用いて出版事業をてがけるなど、文化の興隆にも尽力した。

慶長二十年、米沢藩を安定させた兼続は六十歳で生涯を閉じた。彼の死によって直江家は断絶した。

兼続の婿養子となっていた政重は、妻（兼続の娘）が死没したこともあり、兼続の実子・景明に遠慮して旧主・前田利長のもとに戻り、三万石の大名になっていた。このため景明が後継になったが、その景明が、元和元年（一六一五）に急逝してしまったのだ。

だから臨終にさいし、上杉景勝は再三養子を迎えるよう兼続に勧めたが、兼続は家名を断絶させ、自分の禄を藩に返還する道を選んだのである。見事な引き際だといえよう。

坂本龍馬が愛した「寺田屋」はニセモノだった

ショックなことがある。

二〇〇八年、坂本龍馬が愛した定宿「寺田屋」が再建であることが判明したのだ。

龍馬ファンの私にとって、これは衝撃的な事実であった。京都伏見に建つ「寺田屋」には、若い頃から何度も足を運び、宿泊したこともあったからだ。

かつて私は龍馬が逗留したとされる「梅の間」という一室に立ち、この部屋に愛人のおりょうが危機を知らせるため、風呂から素っ裸で飛びこんできたことなどに思いを馳せ、感慨に耽《ふけ》ったものだ。じっさい、一階の裏手にはおりょうが入ったという風呂や「梅の間」へ駆け上がった急な階段も存在する。

さらに寺田屋は、寺田屋騒動という歴史的な事件が起こっている。

寺田屋に滞在していた有馬新七ら過激な薩摩藩士が密かに討幕を企てていた。この計画を藩命を受けて止めようとした同藩の藩士たちが有馬らと乱闘になり、数人が討ち死にした事件である。寺田屋にはこのときにできた刀傷もあり、それを見て、あまりの生々しさにギョッとした覚えがある。

まさに寺田屋は、幕末を見てきた生き証人だと私は信じていた。

しかしながら今回、京都市の調査によって、鳥羽・伏見の戦いのさいに焼失したことが明らかになった。だから現在の建物はその後に再建されたものであり、つまり、「梅の間」も刀傷も階段も風呂も、全部偽物だったというわけだ。

ちょっとひどいではないか。

ただ、よく考えてみれば、あの金閣寺も再建だし、大坂城や名古屋城も再建だ、そういった意味では、寺田屋が再建でもよいだろう。そんなことで自分を納得させたが、それでも心の動揺は今のところおさまっていない。

さて、そんな寺田屋の中に、おりょうの若い頃の写真が大きく飾られていた。

これは写真研究家の井桜直美さんの所蔵写真である。この写真を見ると、おりょうが細面の京美人だったことがわかる。三十二歳のときに東京の写真館で撮影したものだとされている。

ただ、本当にこの女性がおりょうなのか、という疑問の声も少なくなかった。

しかし、高知県立坂本龍馬記念館は二〇〇八年五月十五日に、同一人物だと発表したの

坂本龍馬（写真提供：高知県立坂本龍馬記念館）

である。

じつはおりょうには、もう一枚、写真（神奈川県横須賀市の信楽寺所蔵）がある。こちらは晩年の写真で、明らかにお婆さんの顔だ。しかし、これはおりょうに間違いないもの。この写真と若い頃の写真を警察庁科学警察研究所が比較したところ、口の形などに多少違いがあるものの、下唇の下側の盛り上がりなどが酷似していることなどから、断定を避けながらも、おりょう本人と結論づけたのである。

こちらは偽物でなくてよかった。

坂本龍馬と岩崎弥太郎の本当の関係とは？

二〇一〇年のNHK大河ドラマは『龍馬伝』である。言うまでもなく主人公は坂本龍馬である。ところが今回は、そんな龍馬を三菱を興した岩崎弥太郎の視点から描くというのだ。

NHKドラマホームページ（http://www.nhk.or.jp/drama/html_news.html）には、作品の趣旨が次のように説明されている。

「『幕末史の奇跡』と呼ばれた風雲児・坂本龍馬三三年の生涯を、幕末屈指の経済人・岩崎弥太郎の視線から描くオリジナル作品。土佐から江戸、そして世界へ。龍馬の行くところ、時代が怒濤のように動き始める。いつも自分の先を歩く同郷の天才龍馬への憧れ、妬みは師・吉田東洋暗殺を機に憎しみへと変わり、若き弥太郎を苛む。長崎で再会した二人は衝突を繰り返す中で急接近。『世界の海援隊を作る』龍馬の志は龍馬暗殺の後、弥太郎に引き継がれていく。

そして、龍馬の妻お龍や志士たちのパトロン・大浦慶など変革の時代を力強く生き抜いた女性たち、一攫千金を夢見て黄金の国ジパングに乗り込んだ英国商人グラバーなど、魅力溢れる登場人物が新しい龍馬の伝説を彩る。

名も無き若者が世界を動かす『龍』へと成長していく姿を、壮大なスケールで描く青春群像劇『龍馬伝』、ご期待下さい」

ドラマで主人公の龍馬を演じるのは福山雅治《ふくやままさはる》さん。岩崎弥太郎役は香川照之《かがわてるゆき》さんに決まっている。なかなか期待が持てそうなドラマだ。

ただ、作品の説明にあるように、どうやら岩崎弥太郎は若い頃から龍馬を知っており、憧れの先輩として描かれるようだ。でも、龍馬と弥太郎の初対面は、記録に残っているところでは、弥太郎が土佐藩から長崎に派遣された慶應三年（一八六七）三月。それから龍馬が殺されるまではわずかに八ヵ月。たったそれだけの短い付き合いだったのだ。

この頃、龍馬は土佐藩の援助で海援隊という商社兼私設艦隊のようなものを組織していた。隊士の給与など運営資金の多くが土佐藩から出ていたが、直接的には弥太郎が派遣された土佐商会から手渡されていた。土佐商会は、土佐藩が長崎にもうけた貿易出張所のようなもの。同年三月に長崎に赴任した弥太郎は、五月にはその商才を藩の重役後藤象二郎に認められ、商会の主任者（実質的な経営責任者）に抜擢されている。このため龍馬らに金を渡すのも弥太郎の仕事になった。

この時期、弥太郎は龍馬と意気投合してよく酒を飲んでいる。弥太郎の日記には、「かつ飲みかつ談じ、当時人物条理の論を発し、日すでに黄泉《よみ》に迫りて辞去す」、「午後、坂本良（龍）馬来りて酒を置く。従容として心事を談じ、かねて余、素心の所在を談じ候ところ、坂本掌を打ちて善しと称う」（『岩崎弥太郎日記』岩崎弥之助伝記編纂会）などとあり、夜中まで人物論や心中を語りながら楽しく飲み明かしたことがわかる。だが、やがて龍馬がたびたび金をせびりにくるようになり、さらに海援隊がさまざまな問題を持ち込んでくるので、弥太郎は龍馬を嫌うようになっていく。

弥太郎の上司であった佐々木高行が、そうした状況を次のように回顧している。

「岩崎などは（海援隊を）厄介のように思うている。岩崎は学問もあり、慷慨の気に富んでいるが、商業をもって国を興すという主義を懐いていて、ちょうど海援隊とは反対である。海援隊からは時々金の融通に行く。商会のほうでもそうそう際限なくやれぬので、これを謝絶する方針を採った。すると海援隊の方では、天下のために尽力するものを厄介視するとは不都合であるというて攻撃し、互いに軋轢するようになった。才谷《さいたに》（龍馬）は度量が大きいから、それらの壮士を抑えて、まず衝突を避けていたのだ」（『佐々木老侯昔日談』）

龍馬としては、土佐藩のために動いているのだから、弥太郎が金を出すのは当たり前という感覚であったが、弥太郎にとって海援隊は金食い虫以外の何者でもなかった。かつ、海援隊は困った問題をよく弥太郎に持ちこんできた。海援隊の「いろは丸」が紀州藩の船と衝突して沈没した事故についても、後藤象二郎とともに弥太郎自身がたびたび賠償交渉にあたらなくてはならなくなった。

さらに弥太郎を窮地に立たせたのが、イカロス号事件である。慶長三年七月六日の夜、長崎丸山の花街でイギリス軍艦イカロス号の水兵ロバート・フォードとジョン・ホッチングスが泥酔して路上で寝ているところを襲われて殺されたのである。この時期、このような異国人に対する殺傷事件が相次いでいた。

事件直後、ちょうどイギリス公使パークスが長崎に立ち寄った。パークスはこの事件を知ると、ただちに調査を開始した。すると、犯人らしき者が土佐藩の柏紋に似た提灯を持っていたこと、近くの酒楼に海援隊士がいたこと。その日の夜半、海援隊の帆船「横笛」が出帆、さらに土佐藩の軍艦「若紫」が出港した。このためパークスは、海援隊士が水兵殺害の犯人であり、「横笛」に乗った犯人が海上で「若紫」に乗り換え、逃げたのだと判断した。

こうしてパークスは、幕府の長崎奉行所にこの事実を訴え、土佐藩の代表者との会談を要求してきたのである。そこで海援隊の会計責任者である弥太郎がイギリス領事館へ出向き、パークスと会見したのだ。

パークスは、はなから海援隊士を犯人だと決めつけていた。これに対して弥太郎は、彼らの中に疑わしい者はいないと断言した。パークスは長崎奉行所と共同で捜査すべきだと主張したが、弥太郎は、「もし犯人がいれば土佐藩の法をもって処罰する」と述べた。こうして会談は物別れに終わった。

結局、パークスの訴えを受けて長崎奉行所が調査に乗り出してきた。奉行所は、例の「横笛」の出航を差し止め、海援隊士を禁足して捜査すると弥太郎に連絡した。この夜、「横笛」は鹿児島に向けて出航することになっていたが、仕方なく弥太郎は、この旨を海援隊士たちに説明し、さらに「横笛」の所有者であった薩摩藩に事情を話し、担当者の五代才助の了解をとった。

ところが、その夜、弥太郎の依頼を無視して海援隊は「横笛」を出帆させたのである。

この行動は、無罪を主張する弥太郎の立場を極めて悪くした。

長崎奉行所はこの命令違反に激怒し、弥太郎と海援隊士を呼び出した。かくして弥太郎と海援隊士佐々木栄、菅野覚兵衛、渡邊剛八ら四名が奉行所へ出頭した。

奉行所の役人は、今回の命令違反について四名に謝罪を要求した。そこで弥太郎と佐々木は素直にあやまった。ところが菅野と渡邊は「自分たちは謝る必要などない」と、その要求を突っぱねたのである。奉行所はさんざん彼らに謝罪を求めたが、二人は夜を徹して抗弁し続け、ついに持て余した役人たちは隊長の坂本龍馬を呼び出し、両人は「お構いなし」との決定を伝えたのである。

さて、この事件について海援隊内では、奉行所の役人に頭を下げた弥太郎を非難する声が高まった。龍馬も「只今（長崎奉行所との）戦争相すみ候処、しかるに岩崎（弥太郎）、佐栄（佐々木栄）かねて御案内の通りに兵機もこれ無く候えば、余儀なく敗走に及び候。ひとり菅（菅野）、渡邊の陣、敵軍あえて近寄る能《あた》わず、ただいま一とかけ合わせ候」と、弥太郎の軟弱さを手紙で罵倒している。

結局、この事件が原因で、弥太郎は土佐藩から召還を命じられることになったのである。まったくいいとばっちりであった。さて、大河ドラマでは、こうした両者の関係をどのように描くのであろうか。今から楽しみだ。

知りたくなかった新選組の意外な真実

ＮＨＫ大河ドラマで『新選組！』が放映されてから、誰もがこの幕末の剣客集団を知るようになった。まさにメジャーデビューといえるだろう。

ところで新選組といえば、幕府のために殉じた悲劇の若者集団というカッコいいイメージが出来上がってしまっている。そこで今回は、あえてそのイメージをくつがえす、驚きの真実を紹介しようと思う。これを読んで私を怨まないでほしい。

やはり新選組といえば、ダンダラ模様の隊服が思い浮かぶだろう。言うまでもなく、あの服は赤穂義士をイメージしたものだ。京都の壬生《みぶ》村で発足したばかりの新選組（壬生浪士組）の隊士は、皆みすぼらしい格好をしていた。絹服を身にまとう隊士はおらず、木綿の着物に小倉袴が多かった。袴に折り目が付いている者は皆無で、羽織に紋があるのはいほう。もし刀を差していなければ、ただの農民にしか見えなかったという。

そこでリーダの芹沢鴨《せりざわかも》が有名な隊服を注文したのである。だが、ダンダラ模様の隊服は全員に行き渡らず、なおかつ、まるで赤穂浪士のようなデザインに、近藤勇《こんどういさみ》や土方歳三《ひじかたとしぞう》などは敬遠し、次第に誰も着なくなってしまったという。つまり、あの服を着て京都市中を見廻りしているシーンは、真っ赤なウソなのである。

当初、新選組は水戸浪士の芹沢鴨一派が実権を握っていたが、土方歳三らが彼らを暗殺、近藤勇を局長にすえて権力を握った。歳三は隊を強くするため、厳罰方針でのぞんだことから鬼の副長と恐れられたが、司馬遼太郎《しばりようたろう》が『燃えよ剣』で彼を主人公に取り上げてから、近藤を上回る人気を誇るようになった。

ただ、歳三は京都にいる間中、しかめっ面をして新選組の強化ばかりを考えていたわけではなかった。女遊びもたいへん派手にやった。田舎の多摩とは違い、京の女性は洗練されている。ただし、歳三の相手は素人ではない。遊郭の女たちだ。当時、色里に出入りするのは、志士を自称する漢《おとこ》のならいであった。芸妓を侍《はべ》らせて盃を片手に、今の政治に悲憤慷慨し、尊皇攘夷を叫ぶ、そうした仕草が流行《はや》っていたのだ。

過激な志士たちを弾圧する側に回ったとはいえ、芹沢鴨や近藤勇を筆頭に、新選組内には尊攘を唱える者たちがたくさんおり、盛んに島原や祇園に繰り出していた。歳三は、そうした観念的な思想というものにあまり興味を抱かなかったが、大勢で騒ぐ華やかな場所は好きだったし、一時は江戸の吉原に入り浸ったことのある男ゆえ、当然、率先して仲間

現代の基準でもやはりイケメンの土方歳三
（写真提供：土方歳三資料館）

ともに遊里へなだれ込んだと思われる。

歳三の肖像は、いま見ても目の覚めるような美男子である。そんな色男を芸妓が放っておくわけがない。多くの女たちが、歳三に言い寄ってきた。嬉しくて仕方がなかったのだろう。歳三は郷里に、芸妓からもらった山のような恋文を送りつけたと伝えられる。

また、文久三年（一八六三）十一月に小島鹿之助へ宛てた手紙には「なおなお拙《せつ》義共、報国有志と目がけ、婦人しとひ候事、筆紙に尽くしがたし。島原にては花君太夫《だゆう》、天神、一元、祇園にては所謂《いわゆる》けいこ三人ほどこれあり、北野にて君菊、小楽と申候舞子《まいこ》、大坂新町にては若鶴太夫、ほか二、三人もこれあり。北の新地にては沢山にて筆には尽くしがたし。まずは申し入れ候」とあり、恋仲になった島原や祇園、北野や大坂の芸妓や舞子の名前をいちいち挙げている。そして最後のほうで、

報国の　こころを忘るる　婦人かな

と戯《ざ》れ歌を詠み、「歳三、いかがわしき読み違い」とふざけている。

土方歳三という人が無邪気な人間だったことがよくわかるが、それにしても、もらったラブレターを知人に送りつけたり、エッチした女の名前を挙げて自慢している歳三を知ると、ニヒルでカッコいいというイメージが崩れてしまう。

カッコいいといえば、沖田総司《おきたそうじ》であろう。だが、これも映画やテレビドラマが創り上げたフィクションである。総司と親しかった日野宿（東京都日野市）の佐藤彦五郎の子孫・昱は「総司はヒラメのような顔だったといわれている」と証言しているし、『新選組遺聞』のなかで子母沢寛《しもざわかん》は、「（総司は）丈の高い痩《や》せた人物、肩がぐっと上り気味に張って、頬骨が高く、口が大きく、色は黒かった」といい、続けて「けれども、何処かこう、いうに云われぬ愛嬌《あいきよう》があった」とフォローしている。

「色白は七難隠す」というたとえのとおり、現代でいうガン黒は醜男の代表であり、頬骨高、大口も同様だった。こうした諸記録や伝承から、どうやら、幕末の感覚からいえば、総司は決して美男子の部類に入らなかったというのが、真相のようである。

さらに驚くべきは、新選組は「男の中の男」の硬派集団というイメージがあるが、局長の近藤勇が、武州多摩の中島次郎兵衛に宛てた手紙には、「局中、しきりに男色流行《はや》り候」と記されている。つまり、同性愛が流行っていて閉口しているというのだ。ちなみに子母沢寛の著した『新選組物語』によれば、新選組には美男五人衆と呼ばれる隊士がいたとされる。馬越三郎《まごしさぶろう》、山野八十八《やまのやそはち》、馬詰柳太郎《まづめりゆうたろう》、楠小十郎《くすのきこじゆうろう》、佐々木愛次郎《ささきあいじろう》の五名である。

そのうち馬越三郎は、副長助勤の武田《たけだ》観柳斎《かんりゅうさい》にしつこく追いかけ回されていたという。馬越は、阿波徳島の浪士で十六歳の少年だった。笑うと両頰に小さなえくぼが出、表情はまるで若い女そのものだったと伝えられる。いつもは紫色の着物に、桐を崩した大きな柄模様の絹の袴を付けていて、絵にみるような若衆姿だったという。

ただ、剣の腕は抜群だった。馬越は、武田に毎日言い寄られるものだから、ついにたまりかねて、副長の土方歳三に訴えた。訴えられても、土方のほうでも、「お前、馬越の尻を追いかけるのはよせ」とは言いにくい。そこで篠原泰之進《しのはらたいのしん》に「おりをみて武田を諫《いさ》めよ」と命じたが、やはり、命じられた篠原も閉口した。

そんな馬越が、あるとき薩摩藩邸から武田が出てくるところを見つけてしまう。薩摩に隊中の情報を流していたのだ。これを知った馬越は、執拗に追いかけてくる武田を毛嫌いしていたこともあり、すぐに局長の近藤勇に密告した。すると激怒した近藤は、斎藤一《さいとうはじめ》に武田を暗殺させたのだった。

これで不気味な同性愛者から逃れられたとホッとした馬越だったが、隊士らは、仲間を売った密告者という目で馬越を見るようになった。これでは隊の結束が乱れると思った土方は、馬越を説得し、金を渡して脱退させたのだった。ちなみに馬越はその後、硝子《がらす》商人になったという。

かつて大島渚監督が『御法度《ごはっと》』という映画を世におくった。この映画の原作は、司馬遼太郎の『新選組血風録』（角川文庫）に収録されている「前髪の惣三郎」だとされている。新選組に入隊した加納惣三郎《かのうそうざぶろう》の美貌に魅せられた隊士たちが、惣三郎をめぐって争うという内容で、主役の惣三郎に名優松田優作の遺児龍平が抜擢され、ビートたけしが出演したことで、大きな話題を集めた。

ただ、この加納惣三郎という人物は、司馬遼太郎の創作らしく、当時の史料からは見出すことができない。ただ、おそらくいま述べた馬越三郎がそのモデルだったと思われる。

いずれにせよ、新選組がホモ集団だとはショックである。

二〇一一年のNHK大河ドラマの主人公「江」ってだれ？

二〇〇九年六月、NHK広報局広報部は、二〇一一年の大河ドラマの制作発表を行った。

「江～姫たちの戦国～」というのがそのタイトルだそうだ。でも、そもそも「江」って何のことなのか、おそらく読者の中にはわからない人もいることだろう。ただ「姫」、「戦国」というキーワードがあることで、戦国時代に詳しいとピンと来る人もいるのではないか。じつは「江」というのは、人の名前なのである。「ごう」と読む。

彼女にはこのほかに「小督《おごう》」、「崇源院《すうげんいん》」、「江与《えよ》」など、さまざまな呼び名があるが、もっとも一般的なのは尊敬の「御」をつけた「お江与」という名だろう。「お江与」とは、二代将軍徳川秀忠《ひでただ》の正妻である。彼女の母は、織田信長の妹お市。長姉は茶々、すなわち秀吉の嫡男秀頼を産んだ淀殿《よどどの》である。

NHKでは「江～姫たちの戦国～」の製作意図について、ウエブサイト（http://www.nhk.or.jp/pr/keiei/otherpress/pdf/20090617.pdf）で次のように述べている。

「天下分け目の戦いは、女たちの心の中にこそあった。淀・初、そして江。

信長の妹・お市の方を母とし、日本史上最も有名な三姉妹（浅井三姉妹）の末っ子に生まれた江は、徳川第二代将軍・秀忠の正室となり、娘は天皇家に嫁ぎ、息子は第三代将軍となります。しかし、そこに辿りつくまでの江の人生は、波乱と苦難の連続でした。二度の落城により父と母を失った江は、時の権力者たちに人生を翻弄され、三度の結婚を重ねます。さらには、姉・淀と敵味方に分かれて天下を争うことに——。

戦国姫・江の〝心のスペクタクルドラマ〟

戦国の世の苦しみを知りぬいた江は、天下太平を願い、江戸城に大奥をつくりあげます。それは、以後二百数十年にも及ぶ、平和と繁栄の時代を築く礎となったのです…。大奥の潔い終焉を描き『篤姫ブーム』を全国に巻き起こした田渕久美子が、丹念に歴史を取材し、大奥の始まりに至る道のりを、鮮やかに華やかにオリジナルでドラマに仕上げます。戦国史の、新たなスーパー・ヒロイン、江の活躍にご期待ください」

今回が大河ドラマ第50作目になるそうで、『篤姫』を手掛けた田渕久美子さんのオリジナル脚本で、いまから放映が待ち遠しい。ただ、きっとNHKは、お江与という女の恐ろしさについては、放映しないだろうから、そのあたりについて今回は詳しくお話ししていこう。

お江与の父親は、近江国小谷城主浅井長政《おだにあざいながまさ》である。だが、長政は信長を裏切ったため、彼女がわずか一歳のときに信長に滅ぼされた。小谷落城のさい、お江与は母と二人の姉とともに助け出され、少女時代は織田家で成長した。本能寺の変後、母が織田家の重臣・柴田勝家に嫁ぎ、越前国北庄城《きたのしょうじょう》に入るが、それから半年後、賤ヶ岳《しずたけ》の戦いで秀吉に敗れた勝家は城を包囲され自刃して果てたが、このときお市も自殺した。だが三姉妹は、秀吉軍に助け出されたのである。

翌年（一五八四）、お江与は秀吉の意向で尾張の佐治一成《さじかずなり》と結婚する。まだ十二歳の子どもだった。一成の母は信長の妹お犬の方だから、一成とお江与は従兄妹の間柄になる。だが、一成は秀吉が織田信雄《のぶかつ》や徳川家康と対立したさい、信雄・家康方についたので、激怒した秀吉は所領を没収し、お江与と離縁させたのである。

やがて二十歳になったお江与は再婚する。相手は秀吉の養子・羽柴秀勝であった。もちろんこれも秀吉の命令だった。だが、すぐに秀勝は朝鮮に出陣し、彼の地で病死してしまったのである。

このためお江与は再び独り身になってしまう。

だが、文禄四年（一五九五）になると、今度は家康の息子秀忠と結婚することになった。彼女は二十三歳であったが、秀忠はもっと若く、なんと十七歳であった。いまでいえば高校生であり、そんな男の子のところに、二度も結婚歴のある女が輿入れしてくるのだから、秀忠が彼女の色香にぞっこんになるのは仕方のないことだろう。

慶長二年（一五九七）に生まれた千姫を筆頭に、立て続けにお江与は四人の女児をもうけ、そして慶長九年、大望の男児を得たのである。名を竹千代（のちの将軍家光）とつけた。その後、さらに二人の子どもを産み、あわせて七人の実子をもうけた。

秀忠は完全にお江与の尻に敷かれてしまっていた。将軍後継者についても、秀忠は彼女の意向で動いている。春日局《かすがのつぼね》（将軍家光の乳母）が著したとされる『東照大権現祝詞《とうしょうだいごんげんのりと》』には、「崇源院様（お江与）、君（家光）を憎ませられ、悪しくおぼしめすにつき、台徳院様（秀忠）も、同じ御事にて、二親（両親）とも憎ませられ、すでに庶子（家光の弟・忠長《ただなが》）に惣領《そうりよう》（家督）を継がせられべき体《てい》になり申」とあるように、お江与は、暗い性格の竹千代を嫌い、次男の忠長に家督を継がせようと望み、その意向に逆らえない秀忠が彼女に賛成した様子がわかる。

結局、春日局が駿府の家康に直訴したため、家康が自ら江戸へおもむき、家光を後嗣としたのだが、このように秀忠はお江与の言いなりだった。

だから秀忠にとって浮気なんてとんでもない話だった。お江与は異常なほど嫉妬深く、秀忠が側室を持つことを絶対に許さず、秀忠の子を妊娠した大奥の女性については、次々と堕胎を強要していったといわれる。

あるとき秀忠が家康のいる駿府に滞在したおりのこと。家康は側室の阿茶局《あちゃのつぼね》に、「秀忠も若者だ。さぞ独り寝は寂しかろう。侍女の花に菓子でも持たせて秀忠の部屋へ遣わすがよい。きっといい慰めになるだろう」と伽《とぎ》の女性を送ることを命じた。花というのは、絶世の美女とうたわれた人であった。

そこで阿茶局は、さっそく秀忠の部屋へ花を遣わした。ところが秀忠は、花が家康からの使いだと知るや、わざわざ裃《かみしも》をつけて彼女を部屋へ迎え入れ、上座に座らせて花が持ってきた菓子を頭にいただいて丁重に礼を述べたのである。なおかつ、唖然としている花に向かい、「今宵はもう遅いですから、どうぞ早めにお帰りくださいませ」と自ら戸口まで出て、彼女を帰してしまったのだった。

これを伝え聞いた家康は、「あいつの律儀さには、はしごをかけても届かない」とあきれかえって苦笑したという。ただ、その認識は誤りで、もしこの話がお江与に伝わったら大変なので、秀忠は巧みに女性とのエッチを避けたのだ。

ただ、秀忠も男である。ばれないようにこっそり浮気はした。お江与の側には多くの女性たちが仕えていたが、そのなかで大橋局と男女関係になった。ところが不運にも、彼女が懐妊してしまったのである。びびった秀忠は、父の家康に泣きついたのだ。そこで家康は、金座を任されていた後藤庄三郎に大橋局を与えて妻とさせ、生まれた子どもを庄三郎の実子として誤魔化してやったといわれる。

なお、会津藩祖・保科正之《ほしなまさゆき》も、じつは秀忠の子どもだった。にもかかわらず、秀忠はお江与が怖くて息子だと認知せず、正之は武田信玄の娘見性院《けんしょういん》（穴山梅雪の妻）に養われて育った。正之の生母は、神尾伊予の娘・お静といい、秀忠の乳母に仕えているとき、秀忠の目に留まって、お手がついた。彼女は正之を産む以前、一度妊娠している。

だが、「もしこの事実が発覚したならば、嫉妬したお江与によっていかなる罰が下るとも限らぬ」と危惧した神尾家の人びとは、密かにお静を引き取って、堕胎させたのである。

ところが、しばらくすると、再びお静は、秀忠の子を妊娠してしまうのだ。

「将軍様の御子を、このように何度も水に流してよいものなのか」

といった反対意見が、親族の中からも噴出、真剣な話し合いの結果、今度は神尾家でも腹をくくり、お静に極秘出産させたのだった。こうして生まれた男児が、すなわち、後の保科正之であった。その後正之は、見性院のはからいで高遠《たかとお》二万五〇〇〇石を領していた保科正光の後を継いで藩主となった。やがて、異母兄である将軍家光が自分の弟がいることを知り、対面してからは優遇を受け、山形を経て会津二八万石の太守となったのである。

家光の正之に対する信頼はいよいよ深くなり、自身が死去するさい、家光は十一歳の我が子家綱（四代将軍）を補佐してくれるよう、正之に強く依願した。かくして正之は、その死に至るまで、幕政の中心になって幕府の政治を主導していく。由井正雪の乱の措置、牢人の取締り、殉死の禁止といった政策を断行するとともに、武断政治から文治政治への転換をはかり、家綱時代の政局は、非常に安定したものとなったという。

いずれにせよ、きっとこんな話は、大河ドラマではやらないだろうな。

小林一茶の日記に記されていた謎の記号の意味

絶対に教科書に載せられない「色」の話をしよう。

江戸時代の俳人、小林一茶に関することだ。一茶は、信濃国柏原村の本百姓小林弥五兵衛とくにとの間に、長男として宝暦十三年（一七六三）に生まれた。

だが、少年時代に家を追い出されている。

幼いときに実母が病死し、継母にいじめられていたので、これを憐れに思ったのか、実父の弥五兵衛が一茶を江戸へ奉公に出したのだ。

一茶はやがて松尾芭蕉の友人だった山口素堂を始祖とする葛飾派に学び、俳諧で生計を立てるようになった。だが、晩年は故郷に戻り、五十一歳のとき二十八歳の菊を妻にむかえた。これが初婚であった。

五十婿　天窓かくす　扇かな

老年になって妻を迎えるのがちょっと恥ずかしかったようだ。日記にも、「五十年一日の安き日もなく、ことし春漸《ようや》く妻を迎え、我身につもる老を忘れて、凡夫の浅ましさに、初花に胡蝶《こちょう》の戯るるが如く、幸あらんとねがふことのはづかしさ」

どうやら舞い上がってしまったらしい。

一茶は克明な日記を残しているが、結婚してから日記の記述の末尾などに「五交合」とか「三交」といった文字がみえるようになる。

じつはこれ、一夜における一茶自身の性交回数だと推定される。

つまり「五交合」というのは、菊と一晩に五回もエッチしたということだ。当時の五十歳は、現代でいえば七十歳近いといってもよいだろう。いくら二十代の妻を相手にするからとて、すごい精力といえる。

また日記には、山の中へわけいって強精に効用のある薬草を採取したり、蛇の黒焼きを求めたりした記述もみえる。

ただ、文政六年四月、菊は三十七歳でにわかに亡くなってしまう。

小言いふ　相手のほしや　秋の暮

妻が亡くなってから三ヵ月後に詠んだ歌だ。六十歳を超えた一茶の白髪頭を想うとき、なんとも胸の切なくなる歌だ。

翌、文政七年五月、一茶は再婚する。相手は飯山藩士田中家の娘で、三十八歳の雪。しかし、この女性とはうまくいかず、わずか三ヵ月でスピード離婚した。

しかし、文政九年には、またもやをという三十二歳の女性と結婚した。だが、翌十年、火事で屋敷が類焼したショックからか、中風の発作におそわれ、十一月十九日、土蔵の中でその生涯を閉じた。享年は六十五歳。

ただ、驚くことに当時やをは一茶の子を妊娠しており、翌年四月、やたという女子をもうけた。どうやら一茶の精力は、死ぬ直前まで衰えなかったようだ。

そんな一茶の日記の一部が発見された。一茶は膨大な日記を残しているが、「文化句帖」（一八〇四〜〇八）と「七番日記」（一八一〇〜一八）の間に「六番日記」が存在するが、これが各地に散在しているのだ。二〇〇九年春、そのうち文化五年四月二日付の二ページ分が発見されたのである。

この日記は長野県内の骨董店が信濃町立一茶記念館に持ち込み、矢羽勝幸二松学舎大学教授が本物と断定した。日記には、二句が書かれていた。

菜の虫ハ　化して飛けり　朝の月
羽根生へてな　虫ハとぶぞ　引がへる

というものである。

ちなみに一茶は二万もの俳句を作っているが、猫が好きだったようで、猫を詠んだ句は三〇〇以上にのぼる。動物を詠んだものでは最も多いのだという。そんな一茶が愛した猫が、長野県信濃町立一茶記念館で話題になっている。

記念館の近くの家で飼われている二歳の「杉山空」という猫が記念館を気に入り、毎日のように勝手に自動ドアから中に入り、館内を巡回して来館者にじゃれついているのだという。ほほえましい話だ。

猫の子が　ちよいと押へる　おち葉かな

さて、発見といえば、一茶が俳人となる前に京都で活躍した与謝蕪村についても、新しい発見があった。二〇〇九年一月、彼の文台が見つかったのだ。しかも、それを保存していたのは、ノーベル文学賞を受賞した作家・川端康成だった。

蕪村研究者の藤田真一関西大学教授が、土門拳が四〇年前に写した川端康成の肖像に目を留めたのが発見のきっかけだった。これは川端が文台に見入っている写真だが、なんと、その文台が蕪村のものだと気づいたのである。そこで藤田教授が川端邸内にある川端康成記念館に捜索を求め、ついに本物が出てきたというわけだ。研究者というのは、たいしたものである。

俳人つながりで、もう一人紹介すると、二〇〇八年六月、松尾芭蕉の手紙が新たに見つかっている。この手紙は、鳥金右衛門に宛てた元禄二年（一六八九）閏《うるう》一月二十日付のもの。芭蕉が「奥の細道」の旅に出る二ヵ月前のもの。旅の同行者が逃げてしまったのを悲しむ手紙である。

「えっ、旅の同行者は、はじめから河合《かわい》曾良《そら》に決まっていたのではないの？」

そう思うかもしれない。だが、そうではなかったのである。

「路通」という弟子が同行する予定だったのだ。ところが、その路通が急に思い立って上

方へ旅立ってしまったのである。これについて芭蕉は、新発見の手紙で、

「昨日より泪落《なみだ》しがちにて、忘々前《ぼうぼうぜん》と」

と、逃げてしまった路通のことを考えると、泪がこぼれ茫然としてしまうと、その真情を吐露している。よほど、路通との俳句の旅を楽しみにしていたことがわかる。

第二章 新発見でこんなに変わった古代史の常識

国宝に指定された「縄文のヴィーナス」ってなに?

二〇〇九年三月、風張《かざはり》1遺跡(八戸市)で出土した土偶を国宝に指定するよう文化審議会から塩谷立文部科学大臣に答申がなされた。

文化審議会というのは、文部科学省に設置された組織である。この審議会のうち文化財分科会が、国宝や重要文化財の指定について文化庁文化財部美術学芸課長から諮問を受けて審議し、文部科学大臣に答申するという仕組みになっている。

とくに問題がなければ、この本が世に出る頃には、きっと新たに国宝に指定されていることだろう。

土偶というのは、ご存知のように、縄文時代につくられた土製の人形のこと。

私たちは国宝というと、どうしても仏像や陶磁器などをイメージしてしまうが、縄文時代の遺物もこのように指定されることがあるのだ。

しかも意外なことに、土偶の国宝指定は、これで三例目なのである。

第一号は、長野県棚畑《たなばたけ》遺跡の土偶。この土偶は、一九八六年に発掘されたものだが、

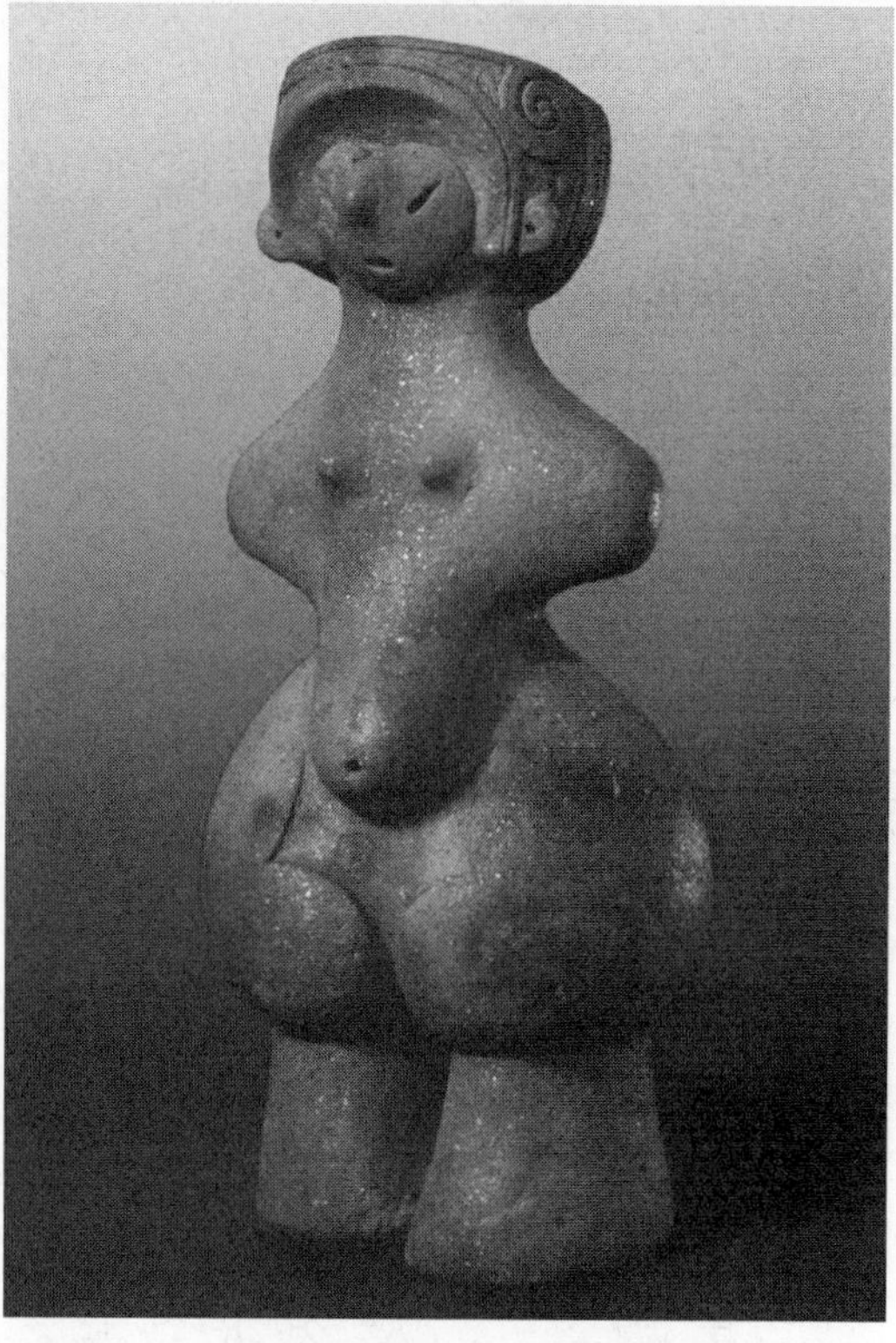

土偶としては国宝指定第一号の「縄文のヴィーナス」
（茅野市尖石《とがりいし》縄文考古館所蔵）

はやくも一九九五年には国宝に指定された。俗に「縄文のヴィーナス」と呼ばれ、妊婦を表現した豊満な姿をしている。

第二号は、北海道の著保内野《ちょぼないの》遺跡から発掘された土偶。これは、一九七五年に畑仕事をしていた女性が偶然発見したというもので、二〇〇七年に国宝に指定された。つい最近のことだ。著保内野の土偶は、土偶としては巨大で四一・五センチもあり、中空（内部が空洞になっている）土偶としては最大のものである。両腕と頭の飾り以外は完全に残っているのが、文化審議会で高く評価されたといわれる。ちなみにこの土偶は、北海道初の国宝でもある。

そして今回、風張1遺跡の土偶が国宝に指定される方向になったわけだ。

この土偶の面白さは、座って合掌しているその愛らしい姿であろう。前代未聞のユニークなかたちなのだ。竪穴住居跡の壁に安置されるようなかたちで見つかっており、信仰の対象になっていた可能性が高く、こうした姿や発見状況が、縄文人の習俗を考えるうえで非常に価値のあるものと判断されたのである。

なお、当初は左足がなかったが、やがて同じ住居内から出土し、完全な姿になったということも大きいと思われる。さらに興味深いのは、赤色塗料が塗られているうえ、割れた

何かを祈っているような「合掌土偶」（八戸市博物館所蔵）

部分が接着剤の役目を果たす天然のアスファルトで修復されていたことだ。

ちなみに、合掌土偶が見つかったわずか二五メートル離れたところにも竪穴住居があり、そこからも土偶が発見されている。同じく赤い塗料がついており、なんと頬杖をついているのである。もし完全形であれば、頬杖土偶も間違いなく国宝に指定されていたろうが、残念ながら下半身がないのだ。不運にもナガイモ栽培のための耕耘機に巻き込まれてしまったらしい。なんとも残念なことだ。

ところで、土偶というのはとても人間とは思えないほど、デフォルメされたものが多く、しかもその姿はバラエティーに富んである。もっとも有名なのは、遮光器《しゃこうき》型土偶だろう。遮光器というのは、イヌイットが眼を雪焼けから保護するためにかける大きな眼鏡のこと。この土偶の姿はまるで宇宙人のようである。群馬県の郷原《ごうばら》遺跡からはハート型の顔を持つ土偶が出土している。また、青森県の三内丸山《さんないまるやま》遺跡からは、十字型の板状の土偶が出土しており、同じタイプは縄文前期から中期にかけて東北地方で多数見つかっており、この時期の流行型らしい。

二〇〇八年十二月には、奈良県橿原《かしはら》市観音寺町の縄文晩期の遺跡から眼と口をまん丸の穴で表現した土偶が見つかった。ムンクの叫びに顔がソックリでちょっとした話題を呼んでいる。すぐ近くからは男性器をかたどった石棒が出土している。先端部に彫刻を施した珍しい形だという。

ところで同年、千葉県の野田市郷土博物館が所蔵する土偶の愛称を広く募集した。この土偶は、野田貝塚で一九八三年に発見されたもので、ミミズクに似ている。博物館では、開館五〇周年にあわせて同館のキャラクターにしようということで、一般からその名を公募したのである。なんと約六五〇通もの応募があったというからすごい。結果、愛称は「ミミー」と決まった。さて、どんなキャラクターになるのだろう、今から楽しみだ。

縄文時代の土偶は、いったい何の目的で作られたのか？

縄文時代の土偶は、現在全国で一万六〇〇〇点ほど出土しているが、その用途について各教科書では次のように書かれている。

「自然の恵みと子孫の繁栄を願い、集落中央の広場などで、妊娠した女性をかたどった土偶や男性性器を表現する石棒を用いて祭りを行うことも多かった」（『日本史B』東京書籍）

「出産やゆたかな自然の恵みを願って妊娠した女性をかたどった土偶」（『日本史B』三省堂）

「女性の特徴を示す土偶や男性を表現した石棒などは、きびしい自然とたたかうなかで、収穫のゆたかさや集団の繁栄を祈願する呪術的な儀礼が発達したことを示している」（『日本史B』実教出版）

それぞれ多少異なるところもあるが、おおよそ、収穫や子孫、集団の繁栄を祈る呪術的な儀礼として用いた道具ということで一致している。

やはり土偶というものが女性の姿をしており、妊婦をかたどったものも多いことから、縄文人が生命を産み出す女性に神秘的な力を見出し、これを土でこしらえて豊穣を祈ったというのが理にかなった学説なのだろう。

しかしながら、そうではないとする説も決して少なくないのである。

そこで今回は、教科書では学ばない、他説についても紹介したいと思う。

他説のうち有力なのは、疾病治療説である。

じつは土偶のほとんどすべてが、どこかしら壊れて出土する。今回、国宝に指定される予定の合掌土偶だって当初は左足がなかったし、著保内野土偶も両腕がとれてしまっている。

しかも奇妙なことに、欠損した部分は同じところから出土しないのである。これは、土偶をつくってわざと壊し、その部分を別の場所に埋めたことを意味する。

さらには、はじめから身体の一部分をつくらない土偶というのも少なくない。たとえば、国宝の縄文のヴィーナスは、最初から両腕がつくられていない。

これはいったい、何を意味するのか。

そこで、登場してくるのが疾病治療説である。

縄文人がケガや病気をしたさいに土偶をつくり、自分の身体の傷ついたところや悪い箇所を破壊し、土偶に身代わりになってもらおうとしたのだと考える説である。

確かに納得できる理由だと思う。

ただ、平城京など古代の遺跡からは、多数の人形が見つかっているが、魔除けに用いた事実が明白なものが存在する一方、心臓や目の部分を執拗に刺した痕跡を持つ人形もあり、呪いに用いた可能性が極めて高い。このため土偶も、相手を呪ってこれをつくり、その一部を壊して不幸を願ったのではないか、という説も少数ながら存在することを伝えておきたい。

ところで、土偶の破壊については、さらに興味深い説がある。

朝廷最古の伝存する史書である『日本書紀《にほんしょき》』に、次のような神話が載る。

アマテラスが弟のツクヨミに、ウケモチという女神を見てくるよう命じた。そこでツクヨミがウケモチのところへいくと、喜んだ彼女は、口から米や魚などを吐きだし、それをツクヨミに食べさせてもてなそうとしたのだ。これに激怒したツクヨミは、ウケモチを斬り殺してしまう。すると、彼女の死体からは、稲や粟、稗、麦といった穀物、蚕や牛馬などが生まれたというのである。

おなじく『古事記《こじき》』にも、スサノオの怒りに触れて殺されたオオゲツヒメの死体から、稲や麦などの穀物や蚕が発生したという話がある。

このように、古代の日本には、女を殺害すると食べ物が生まれるという奇妙な伝承があるのだ。現代人の感覚からは到底受け入れられない話だが、もしかしたら、すでにこうした伝承は縄文時代にも存在し、女をかたどった土偶という人形を壊すことによって、自然の恵みにあやかろうとしたという考え方もできる。

ただ、こうした説にあてはまらない例も存在する。

たとえば、著保内野土偶は、縄文人の墓から出てきているのだ。つまり、副葬品として土偶を用いていたことが明らかになったのである。

また、先に述べたように、合掌土偶は住宅の壁に安置されるように出土しており、石囲いによって丁寧に埋納された土偶も存在することから、土偶自体が崇拝の対象でもあった可能性も指摘されている。

さらにいえば、日本史の教科書には、土偶は女性をかたどったものと書かれているが、二〇〇九年一月、川目《かわめ》A遺跡（盛岡市）から立派な男性器をつけた土偶が発見されている。明らかに男とわかる土偶は、これまで全国に数例しか見つかっていない大変貴重なものである。

それにしても、こうなってくると、いったい土偶は何のためにつくられたのか、ワケがわからなくなってくる。

じっさい、縄文人のおもちゃだとか、安産の御守りといった説もあるそうだ。また、用途は複数あったという説もある。

そういう意味でも、教科書に書いてあることは、あくまで有力な一説に過ぎないということを知っておこう。

猪を飼育していた縄文人、鯉を養殖していた弥生人

縄文人が狩猟採取によって食糧を獲得し、これに対して、弥生人のほうは米を主食にしていたと思い込んでいるお父さん、その認識は極めて古いのである。ぜひ、お子さんの教科書に一度目を通して読んでいただきたい。

たとえば『日本史B』（実教出版）には、「縄文時代に原始的な農耕があったとする説がある…略…縄文時代前期の福井県鳥浜貝塚などで、ヒョウタンをはじめ、エゴマ、アサ、マメ類などの栽培植物の種子がつぎつぎと確認されるようになった。生業の基礎をなす農耕とはいえないまでも、…略…植物の栽培や管理がある程度おこなわれていたと考えられる」、「イネの流入も縄文時代にさかのぼることが明らかになった」

このように、縄文時代前期から人びとは原初的農耕を行っていた事実が指摘されているのである。縄文人たちが、農具を持って畑を耕しているというイメージなど、これまでのみなさんの常識とかけ離れてしまうかもしれないが、歴史は刻々と変わっているのであ

る。

今回は、さらに教科書に書かれていない、最新の縄文人、弥生人の「食」について紹介していこう。

縄文人たちが、シカや猪の肉と血に卵やすりつぶした木の実を交ぜ、それを焼き上げて高カロリーな保存食をつくっていたこともわかってきている。これを縄文パンとか縄文クッキーと呼び、近年は少しずつ教科書にも登場するようになってきているが、クッキーの素材に使った猪を縄文人が家畜化していたという説は、まだどの教科書にも登場していない。

これは二〇〇八年十月に総合地球環境学研究所の内山純蔵《うちやまじゅんぞう》准教授が公表した新説である。内山教授は、縄文時代の粟津湖底《あわづこてい》遺跡（大津市）から出土した猪の骨二十数点を鳥浜貝塚の猪の骨や現在の猪の骨と比較分析し、下あごが大きくすり減っている事実を突き止めた。

これはつまり、粟津湖底遺跡の猪たちが、野生のそれとは明らかに異なる食性を持っていた証拠である。内山教授は、人間たちが猪を飼育し、ドングリなど堅い食べ物を与えた結果だと推論する。

ただ、骨は二歳以下の雄の幼獣が多かったため、自分たちで猪を増やしたわけではなく、捕らえてきた猪の子を飼育して太らせ、その後殺して食べたのだと推定している。つまり、完全に家畜化したわけではないようだ。

ところで、猪に関して二〇〇八年七月、奇妙な遺跡が発見された。約一万年前の縄文早期の取掛西《とりがけにし》貝塚（千葉県船橋市）から猪の頭蓋骨十数体が整然と並んだ状態で発見されたのである。明らかに人為的に並べたものであり、おそらく何かの儀礼のために並べて用いたものと考えられる。同じように東釧路貝塚（北海道釧路市）でもイルカの頭蓋骨だけを放射線状に並べたものが発見されており、縄文人の信仰を知るうえで興味深い遺物といえる。

同じ年の八月、縄文時代の冷蔵庫が見つかった。中貫柿ノ木《なかづらかきのき》遺跡（奈良市）で発見された縄文時代の直径約四五センチの貯蔵穴である。こうした穴は同じ遺跡から複数見つかったが、そのうち一つにドングリが数百個入っていた。穴は谷地の斜面にあり、地下水で保冷しながらアクも抜ける構造になっていたことがわかった。

おそらく、秋に収穫したドングリを保冷しつつ、冬の保存食にしたのだと思われる。大した知恵である。

ちなみに縄文人の主食は、こうしたドングリやクリなど木の実であった。およそ八〇%のカロリーを縄文人は植物からとっていたといわれる。動物を追いかけて狩りをするイメージは、完全に間違いというわけだ。

さて、今度は弥生人の話をしよう。

弥生時代になると農耕が国内に広がり、すべての人びとが米や農作物を主食にしていたと思うかもしれない。が、それも大きな間違いだ。

たとえば、登呂《とろ》遺跡（静岡市）。きっとみなさんも水田跡が出土した有名な遺跡なので、かつて勉強したという記憶が残っている方も多いだろう。

そんな登呂遺跡だが、この遺跡の水田跡から収穫できる稲の量だけでは、ここに暮らしていた人びとの食糧を三分の二程度しかまかなえないことが判明しているのである。登呂遺跡でさえそうなのだから、おそらく他の集落では、とても稲作だけで生活することは難しかったはず。

そんなわけで、弥生人の食糧獲得手段は、農耕より狩猟採取のほうがメインだったと主張する学者のほうが近年は多いのである。少なくても弥生時代後期までは、そうだったと考えられる。

なお、先ほど猪の話をしたが、弥生時代の遺跡からは、豚の骨が多数出土しており、稲作とともに豚の家畜化技術が大陸から入ってきたことがわかっている。

さらにいえば、二〇〇八年九月、弥生人がコイの養殖を行っていた事実が判明した。県立琵琶湖博物館が発表したところによれば、弥生時代中期の環濠集落跡が見つかった朝日遺跡（愛知県清須市など）から出土したコイの咽頭歯一六七本を分析したところ、多数の幼魚の歯が見つかったという。コイの幼魚をまとめて捕るのは極めて困難なことから、産卵期のメスのコイを捕まえ、水田や溜め池に放って産卵させ、幼魚を養殖して秋に水を抜いて捕獲し、食べていたと考えられる。

このように私たちが信じている縄文・弥生人の食生活は、ずいぶんと事実と異なっていることがわかってもらえたろう。

日本にかつて存在した驚くべき人間の葬り方

滝田洋二郎監督、本木雅弘《もときまさひろ》主演の「おくりびと」が第八十一回アカデミー賞外国語映画賞を受賞した。とても感動的な映画だったので、その作品が生まれるきっかけとなった青木新門《あおきしんもん》の『納棺夫日記《のうかんふにっき》』（文春文庫）を読んでみた。

もともと「おくりびと」で主役を演じた本木雅弘は、この本を読んで感動し、ぜひとも映画化したいと青木のもとを訪れて頼み込んだのだという。

いったん青木は了承したものの、本の内容と映画のあらすじが変わっていたので、結局映画化の許可の話を撤回してしまう。本木はその後もたびたび青木宅を訪れたが承諾されず、『おくりびと』というタイトルで別の作品になったという経緯がある。

しかし、じっさいに映画を見てみて、青木作品の精神は、映画のなかに見事に活かされていたように思えた。

さて、『納棺夫日記』のなかで青木は、「魔除けに短刀を遺体の胸に置くとか、屏風を逆さに立てるとか、とにかくわけの分からないことをやっている。今日の仏教葬儀式に見られる姿は、釈迦や親鸞の思いとは程遠いものであろう。極端に言えば、アニミズムと死体崇拝という原始宗教と変わらない内容を、表向きだけは現代的に行っていると言っても言い過ぎではない」と批判する。

さらに「死骸の処理など在家のものに任しておけばいい、と言ったのは釈迦であり、親鸞も死骸に関しては『それがし閉眼せば賀茂河へ入れて魚にあたふべし』と言っているわけで、抜け殻扱いである。裏返して言えば、己の死体を抜け殻扱いにできた者だけが、覚者といえる」と述べている。多くの遺体を納棺してきた青木だからこそ、達することができたある種の悟りの境地ではないだろうか。

確かに死体など、仏教でいえば抜け殻に過ぎず、そのあたりに放置して朽ちるに任せるべきなのかもしれない。しかし、はるか原始の時代より、私たちは日本人はそんな抜け殻を丁寧に葬ってきた。

やはり、遺体を単にモノとして扱うことができぬのが、煩悩に満ちた人間なのだと思う。さらにいえば、埋葬という儀式は、死者のためではなく、後に残された人びとのために行うのではないか、そう私は考えるのである。

つまり、死者を埋葬することによって、生ける者たちが深い悲しみを鎮めたり、祟りか

伊賀寺遺跡から出土した火葬墓跡
(写真提供：京都府埋蔵文化財調査研究センター)

ら逃れようとしていると思うのだ。

ともあれ、世界に目を向けてみると、非常に不思議な埋葬形態がある。鳥に遺体を食べさせる鳥葬、聖なるガンジス川に遺体を流す水葬、遺体を洞穴や崖などに安置して風化させる風葬などは、みなさんもきっと聞いたことがあるだろう。

じつは我が国でも、縄文人はかなり奇妙な埋葬を行っていた。

さて、かつて教科書では何と習ったろうか。

そう、屈葬である。

狭い穴のなかに、身体を折り曲げて遺体を埋葬する方法だ。なにゆえそんなやり方をするのか、いまもって定説がない。

頭や胸に大きな石が置かれているケースが少なくないので、死者の霊が復活して悪さをしないよう、折り曲げたのだという説がある一方、胎児の姿を模しているのだとする説もある。さらには、穴を掘るのが面倒なので、小さい穴に押し込んだのだという考え方まで存在する。

ただ、この埋葬方法だけが縄文人の埋葬形態のすべてではない。

たとえば、子どもを埋葬するときは、土器の甕《かめ》にあたかも胎児のように逆さにして入れ、離れた墓所ではなく竪穴住居の入り口付近に埋められることが多い。断ち切れぬ親の情が感じられるが、これを土器棺墓と呼ぶ。

「屈葬以外の埋葬方法があるなんて知らなかった」

そう思う方もいることだろうが、今も学校では屈葬しか教えていない。だが、けっこう縄文人もバリエーションに富んでいるのである。

なんと、縄文時代には火葬だって存在したのだ。

ちなみに日本で初めて火葬された天皇は、持統《じとう》天皇である。彼女が火葬されたのは、大化二年（六四六）に埋葬を簡素化・縮小せよという薄葬令が出されており、仏教の影響もあって、これに従ったのだと考えられる。

話を戻そう。

二〇〇八年九月、伊賀寺遺跡（長岡京市）で縄文時代後期の火葬墓が発見された。発掘を担当した京都府埋蔵文化財調査研究センターによれば、楕円型の穴には少なくとも九人が火葬されていることが判明した。近くにあった長方形の穴にも複数の遺体が火葬されていた。

同センターの岩松保主任調査員は、「埋葬した骨を掘り出して火葬にする再葬は縄文時代にもある。しかし、今回は遺体を火葬した一次葬の可能性が高い」（京都新聞　二〇〇八年九月十九日）と述べている。

つまり、一度に多数の人間が死んだわけで、おそらく戦争か疫病などで亡くなったため、遺体を集めて焼いたのではないかと推定されている。

邪馬台国の最有力候補地―纒向《まきむく》古墳群とは？

女王卑弥呼の支配する邪馬台国がどこにあったのかという論争は、なんと江戸時代からずっと続いていて、いまだに決着をみていない。

けっこうみなさん邪馬台国に関しては強い持論を持っているので、ヘタにこの論争に踏み込むと、反対派から非難を受けるかもしれない。しかしながら今回は、それを承知であえて触れてみたい。

邪馬台国の位置がわからない理由は、邪馬台国について記した唯一の書物『魏書』東夷伝倭人の条が、中国大陸から邪馬台国にいたる行程を正確に書いていないためである。

「えっ！　邪馬台国の記述は、『魏志』倭人伝に書かれているのでは？『魏書』なんて、聞いたこともないよ」というあなた。最近の高校教科書では、『魏書』と書くほうがだんだんと一般的になってきているのである。

そもそも『魏志』という書名は、江戸時代の学者が勝手につくってしまった俗称なのである。邪馬台国の記述が見える『魏書』は、『三国志』のなかの一つであるため、「志」という語をくっつけてしまったようだ。

いずれにしても、もしも『魏書』の記述のとおりに進んでいくと、日本列島をとび越えて南洋上に到達してしまう。

そんなことから邪馬台国は、ハワイやジャワ・スマトラ島、沖縄にあったという説も存在する。だが、それはあくまで少数派であり、古代史研究者の多くは国内にあったと考えている。

いずれにせよ、このため教科書にも「邪馬台国の所在地については、これを近畿地方の大和に求める説と、九州北部に求める説とがある」(『詳説日本史B』山川出版二〇〇九年)と有力な二説を併記するかたちをとっている。

ちなみに現在、邪馬台国の所在地としてもっとも注目されているのは、三輪山麓(奈良県桜井市北部)に広がる纏向遺跡である。

大字《おおあざ》の太田、巻野内、辻、東田を中心とした東西約二キロ、南北約一・五キロの比較的狭い地域で、面積にすると約二・七平方キロメートルだ。

昭和四十七年から本格的な調査がはじまり、これまで約一六〇回にわたって発掘調査が実施されてきた。

結果、纒向には卑弥呼の墓といわれてきた箸墓《はしはか》古墳をはじめ、邪馬台国が存在した三世紀半ばから後半にかけての初期古墳が集中していることが判明した。

また、九州から関東地方におよぶ各地域の土器がこの場所から続々と出てきている。各地の土器が集まるくらいだから、大きな政治権力があったのは間違いないだろう。

昭和五十三年には祭殿と思われる大きな建物跡も見つかったが、一方で農具がほとんど発見されないという不思議がある。対して土木工事用の道具は多数出土することから、纒向は農村ではなく、計画的につくられた「都市」であったと推定されている。もちろん都市遺跡が存在した時期は、邪馬台国があった時期とも一致する。

さらに、卑弥呼の墓とされる箸墓古墳から二キロ離れた黒塚古墳（天理市）からは、三三枚もの三角縁神獣鏡が見つかった。

この鏡は、魏の皇帝が卑弥呼に与えた鏡だともいわれており、邪馬台国＝纒向遺跡説の有力な証拠の一つとされている。

二〇〇七年には、纒向遺跡のV字溝（三世紀前半）からベニバナの花粉が発見された。その量の多さから染織に用いた廃液だと推定される。これまでベニバナの最古出土例は、六世紀の藤ノ木古墳（奈良県斑鳩町）だったので、その使用例は二五〇年以上もさかのぼ

邪馬台国の大本命と考えられる纒向古墳群
(写真提供：桜井市立埋蔵文化財センター)

ったことになる。

ベニバナは当時の日本に自生しない植物であり、おそらく纒向のそれは、中国大陸から入手したものと推定される。事実、邪馬台国の卑弥呼は、魏の皇帝に使いを送っており、同国から手に入れた可能性も十分考えられるわけだ。

かつ、卑弥呼自身が赤と青で染めた絹織物を、使者を通じて魏の皇帝に献上しており、纒向でベニバナが発見されたことで、織物の赤はベニバナで染めた可能性も出てきたわけで、邪馬台国＝纒向遺跡説がさらに補強されたといえる。

同年、さらに纒向遺跡の井戸跡から長さ二六センチ、幅二一・五センチ、厚さ〇・六センチの木製（アカガシ）の仮面が発掘された。

両目と口だけでなく、鼻の穴も開けられ、眉が線刻で表現され、赤色顔料が付着していた。紐を通す穴がないため、手で持って使用したと想定される。もしかしたら、卑弥呼のような巫女的リーダーが、マジカルな儀式のさいに用いた仮面かもしれない。

二〇〇九年春より、桜井市教育委員会の手で纒向遺跡の本格的な発掘調査が開始された。この発掘により、卑弥呼時代の二つの建物跡が発見された。建物は南北二六メートルの柵で囲われ、さらにもう一棟並んでいた可能性もあるという。当時の建物としては規格性が極めて高く、専門家もその複雑な区画に驚いている。

さらに二〇〇九年五月、卑弥呼の墓だといわれてきた箸墓古墳について、国立歴史民俗博物館の研究グループが「箸墓古墳は二四〇年から二六〇年の間に造られた」と発表した。しかも同博物館の春成秀爾名誉教授は「この時代、他に有力者はおらず、箸墓古墳は卑弥呼が生前に築造した可能性が高い」と断言したのである。

この研究グループは、放射性炭素年代測定法を用いて箸墓古墳の年代を特定した。生物は、生きているときは大気と同じ量の放射性炭素を体内に持つが、死ぬと次第に減少し、五七三〇年で半分になる。この性質を用いて遺物の炭素量をはかり、年代を決めていくのが放射性炭素年代測定法。今回、箸墓古墳とその周りから出た土器に付着した炭化物などを測定し、年代を弾き出したのである。もしこれが事実なら、長年の邪馬台国論争に決着がつくといえる大きな成果なのだが、この測定法は誤差が大きいと主張する学者も少なくなく、残念ながらまだ考古学界の共通認識となっていないのである。

ともあれ今後、纒向遺跡の発掘調査により、邪馬台国の証拠となる決定打が出る可能性があり、今から非常に愉しみである。

個人的な意見を言わせてもらえば、私はこの纒向遺跡こそが邪馬台国だと信じている。

今の教科書には「大和朝廷《やまとちょうてい》」という王朝は載っていない？

一つ質問をさせていただきたい。

「古代の日本を初めて統一した国家を何と呼ぶか」

おそらくみなさんは、「大和朝廷」と答えるのではないだろうか。

しかし、現在の『高校日本史B』の教科書のうち、そう記しているものは、私が調べたかぎり一つも存在しない。

では、何と明記してあるのか。

じつは、教科書によってまちまちなのである。

以下をみてほしい。

『詳説日本史B』（山川出版）は「ヤマト政権」

『日本史B』（東京書籍）は「大和王権」

『日本史B』（実教出版）は「大和政権」

『日本史B』（三省堂）は「ヤマト王権」
『新日本史B』（桐原書店）は「ヤマト政権」

いかがであろう。五冊ほど調べてみたが、このように、少しずつ微妙に呼び方を変えている。なんだか、各社が独自性を主張しているようでほほえましい印象も受けるが、日本史を学ぶ者にとってははなはだ迷惑な話で、やはり統一的な表記をとるべきではないかと思う。

なお、学者の中には「倭王権」と呼ぶ人もある。これでは、かつて一般的に呼ばれていた「大和朝廷」と同じ政権であるかどうかさえわからないではないか！

ちなみに、現行の学習指導要領では、いまも「大和朝廷」の語を用いていることも一言付け加えておこう。

なお、私は「大和政権」と書かせていただこうと思う。

そんな大和政権の盟主は、いうまでもなく天皇である。けれど、天皇なる呼称は、天武《てんむ》天皇の七世紀後半あたりから使われはじめたといわれ、それ以前は「大王《おおきみ》」と呼ばれていた。

ただ、この「大王」という存在が「万世一系」だったと考える学者はおらず、政権の発足当初は、どうやら有力な豪族の中から「大王」を選ぶシステムが存在していたという意見でおおよそ一致している。

それがやがて、特定の氏族が「大王」を代々継承するようになり、「大王家（天皇家）」となっていくわけだが、その地位は必ずしも盤石とはいえず、「大和政権が発展する過程で、畿内や各地の首長が反抗し、大王家自体もいくどか衰退した」と『日本史B』（実教出版）にも明記されている。

さらにこの教科書は、脚注のなかで「5世紀には大阪平野に奈良盆地（大和政権の中枢）の古墳より巨大な古墳がつくられるので、大阪平野に大和政権より有力な政権が成立した」とする説も紹介している。

じっさい、天皇（便宜上、七世紀後半以前もこの呼称を使用する）の血統は、武烈《ぶれつ》天皇のときに途絶えている。武烈天皇には弟や子ども、甥などがおらず、そのため仕方なく、朝廷の実力者大伴金村《おおとものかなむら》は、北陸（福井県三国町）の地に居住していた応神《おうじん》天皇五世孫の継体《けいたい》という男を連れてきて、天皇に擁立しているのだ。

ふつうに考えれば、五代も離れた血縁関係者を親戚とさえ言わないだろう。すなわち、大伴金村は、武烈天皇とは赤の他人を天皇にしたわけだ。つまり、ここで天皇の血統は一度断絶したといえるのである。

ちなみに継体天皇は、北陸から政権の本拠地・大和に入るまで二〇年を要しており、豪族たちの強い抵抗があったことが想像できる。

また、継体の治世下において、筑紫の国　造《くにのみやつこ》磐井《いわい》が大規模な反乱を起こしており、大和政権自体が不安定な状態に陥っていたこともわかる。

さらに継体天皇が死去した後、その子どもたちが対立し、安閑《あんかん》・宣化《せんか》天皇の朝廷と欽明《きんめい》天皇の朝廷が分立する事態が起こったとする学説もある。

ともあれ、私たちになじみ深い「大和朝廷」という言葉は、いつのまにか教科書から消えてしまっているのである。

古墳研究に朗報!? いよいよ宮内庁が陵墓や陵墓参考地を公開

前項で継体天皇について述べたが、現在、継体天皇の墓の発掘調査が進展していることをご存知だろうか。

「えっ、天皇の墓って、発掘してしまっていいの？　宮内庁が厳重に管理していて、内部への立ち入りさえも許されていないのでは？」

そう思ったあなたは、なかなかの歴史通だといえる。

おっしゃるとおり、確かに宮内庁は継体天皇の陵墓への立ち入りを一切許していない。だが、私が言っているのは、本当の継体天皇の墓のことである。

これを聞いて、さらにみなさんはワケがわからなくなってしまったかもしれない。

じつは、現在宮内庁が管理している天皇の陵墓やその可能性がある陵墓参考地は、江戸時代から明治時代にかけて比定されたものが多く、当人の墓かどうか怪しいものが相当数含まれているのだ。

現時点で継体天皇の陵墓は、大阪府茨木市の太田茶臼山《おおたちゃうすやま》古墳に比定されている。だが、この古墳の宮内庁管理区域外を、大阪府教育委員会や茨木市教育委員会が発掘調査したところ、五世紀半ばの遺物が発見されており、六世紀前半に死んだ継体天皇の陵墓とは到底考えられないのである。

そんな太田茶臼山古墳からわずか一・五キロ離れたところに、今城塚《いましろづか》古墳が存在する。この古墳は、六世紀前半に築かれた淀川北岸における最大の前方後円墳であり、墳丘が一九〇メートルもあって二重の濠をめぐらし、総長は三五〇メートルにもおよぶ。

宮内庁が陵墓にしていない古墳なので、平成九年から高槻市教育委員会によって何度も発掘調査が行われ、多数の円筒埴輪や形象埴輪が発掘された。

とくに形象埴輪では、家屋や人物、大刀や盾などが列状に計画的に配列されており、大王（天皇）級の祭祀であることがわかったのである。年代的には六世紀前半の古墳と推定される。つまり、これこそが、本当の継体天皇の陵墓であるという見方が、学者の主流を占めているのだ。

ところで、先に述べたように、これまで宮内庁は、「陵墓の静謐《せいひつ》と尊厳を守る」という立場から陵墓への立ち入りを認めてこなかったが、ここに来てにわかに柔軟な対応を見せるようになった。

陵墓管理に関する内規を改め、申請があれば審査のうえ、考古学や動植物学の学術調査を受け入れる方針を決定したのである。

じっさい二〇〇七年秋、宮内庁は明治天皇陵（京都市）と神功《じんぐう》皇后陵（奈良市）への立ち入り調査を認めている。

ただし石室内に入ることは許されず、表面観察のみの許可であった。が、それでもこれは考古学界にとって、画期的な進展だといえよう。

さらに二〇〇八年秋、百舌鳥《もず》古墳群のなかにある陵墓参考地である御廟山《ごびょうやま》古墳を宮内庁が堺市と合同で発掘調査を行い、なおかつ、その現場を報道陣に公開するという異例の措置をとった。

陵墓参考地というのは、天皇や皇族の墓所である可能性が高い古墳などを言い、全国で四六カ所指定されていて、これまでは「追慕の対象」という理由から立ち入りはほとんど禁じられ、学術調査も厳しく制限されていた。だから今回は、非常に柔軟な対応であり、斬新な試みだといえる。

この御廟山古墳は、百舌鳥古墳群の中で四番目に巨大で、墳丘は一八六メートルの長さを持つとされていた。

ところが今回の調査によって、一部が江戸時代の新田開発で削られていたことがわかり、約二〇〇メートルの全長であることが判明した。

さらに、コンテナで二〇箱分に相当する多数の埴輪が出土し、こうした遺物から五世紀半ばの古墳であることも明らかになった。

今回宮内庁が発掘を行ったのは、古墳の保全や修繕方法を検討するためであった。これに堺市が協力したのは、百舌鳥古墳群を世界遺産に登録するに向けて、まずは古墳群の史跡指定を目指しているからだ。ちなみに、一般市民対象に見学会が催されたが、なんと数千人が詰めかける盛況ぶりだった。

二〇〇八年十二月には、開化《かいか》天皇の陵墓に比定されている念仏寺山《ねんぶつじやま》古墳（奈良市）の発掘の様子を、宮内庁が研究者に見学させた。

この発掘は、古墳の前方部にある鳥居を建て替えるために宮内庁が実施しているもので、考古学者たちの要望に応えて公開したのである。

なお、この古墳は五世紀前半のものと推定され、九代目の開化天皇の時期とは大きくずれることから、開化の陵墓ではないというのが定説になっている。

ちなみに発掘では、江戸時代の骨壺の破片とともに五世紀の埴輪の破片が出土したというが、埴輪については公開されなかった。

最後にお父さんに質問。

日本で最大の古墳は？

「仁徳天皇陵《にんとくてんのうりょう》！」

すぐに即答できた人も多いはず。でも、それはもはや正解とは言い難い。

百舌鳥古墳群にある日本最大の古墳を今の高校の教科書では、「大仙《だいせん》古墳（伝・仁徳天皇陵）」と書くことが多いからである。

今述べたように、多くの陵墓は比定されている天皇の年代と合致しない。そこで考古学者たちは、天皇の名ではなく地名で呼ぼうということに決め、そうした考えが教科書に反映されているからだ。知っておいて損はないだろう。

戦後の古代史を大きく変えた木簡とは？

六四五年、中大兄皇子《なかのおおえのおうじ》と中臣鎌足《なかとみのかまたり》らは蘇我蝦夷《そがえみし》・入鹿《いるか》父子を倒し、孝徳《こうとく》天皇を即位させて人事を一新、都を難波に移して「大化《たいか》」という元号を定めた。そして翌年正月、孝徳天皇は新政権の基本方針である改新の詔《みことのり》を発した。

これが、世にいう「大化改新《たいかのかいしん》」である。

改新の詔では、土地と人民の私有を認めない公地公民制、地方行政組織の整備、班田収授法、新しい統一的税制度の制定など四ヵ条が記されている。

だが、この改新の詔が、ただちに実施されたと考えるのは大きな誤りである。

最近の教科書にも『『日本書紀』に記されたこの詔には、後の知識に基づく修飾があり、またすべてがすぐに実施されたわけではないが、この時の方針のもとに、約半世紀かけて、日本の律令国家は形成されていくことになる』（『日本史B』東京書籍）と明記されるようになってきている。

じつは、こうした新事実は、木簡というものによって新たに判明したのである。

かつて私たちは、この時期から奈良時代にかけての歴史を『古事記』や『日本書紀』、『続日本紀《しょくにほんぎ》』など、朝廷が編纂した歴史書で知るほかすべがなかった。なぜなら、このほかに残存する記録がほとんど存在しなかったからだ。

でも、国家の史書というのは、それを編纂したときの権力者に都合のよいように書かれるもの。敗者や弱者の声など反映されぬ勝者の改竄《かいざん》記録といってもよいかもしれない。しかし、それしか史料がない以上、昔の歴史研究者たちは、これらを頼りに歴史を組み立てていくしか方法はなかったのである。

そうした閉塞状況を大きく変えたのが、木簡の登場であった。

ご存知のように木簡とは、墨書のある木の札（板）のこと。一〇センチから三〇センチ程度の縦長で細い板であることが多い。

そんな木簡が日本で最初に発見されたのは、一九六一年のことである。平城宮跡から四〇点ほどが出土したのが初めて。意外にも、わずか五〇年前の出来事なのだ。

しかし、それ以後は各地で次々と見つかり、なんと現在は、優に三〇万点を超えるほどになっている。驚くべき数の多さであろう。

この木簡という文字史料の解析が進むにつれ、どんどんと朝廷の史書にはない新事実が浮かび上がり、改新の詔についても「修飾」があることが判明したのだ。

たとえば改新の詔には、地方行政組織として「郡」を設置すると書かれているが、藤原宮から出土した己亥《つちのとい》年（六九九）の木簡には郡に相当する部分に「評」と書かれてあり、大宝律令が制定される大宝元年（七〇一）までは「郡」ではなく「評」という単位が使用されていた事実が明らかになった。つまり、故意かどうかはわからないものの、『日本書紀』の編者が歴史に手を加えたことがわかったのである。

木簡は長くても数行の文章で、荷札や手紙、看板などが多いが、そうしたものから私たちは古代人の具体的な生活を知ることができるようになってきている。なかにはすごい発見もある。たとえば一九八八年、平城京の貴族の邸宅跡から約三万五〇〇〇点もの木簡が見つかり、さらにその周辺からも七万四〇〇〇点という膨大な木簡が出土した。この数は、これまでの出土木簡の総計を超えるとてつもないものであった。

そんな木簡群のなかに「長屋王《ながやおう》」の名が見えたことなどから、この邸宅が長屋王のものであったことが判明したのである。長屋王は、天武天皇と天智《てんじ》天皇の孫にあたる非常に血統のよい皇族であり、藤原不比等《ふじわらのふひと》が没すると、朝廷の実権を握った人物。

邸宅跡から出た木簡のなかに「長屋親王宮鮑大贄《おおにえ》十編」と記したものがあった。

親王というのは、天皇の子どもや兄弟に対する呼び名であり、本来、皇孫である長屋王にはふさわしくはない。さらに大贄というのも、天皇への貢ぎ物をさす。こうした木簡の表記から、長屋王が非常に大きな権限を握っていたことが改めてわかったのである。

また、木簡のなかには長屋王が牛乳や山海の珍味を食べていたことがわかる荷札がたくさんあり、当時の貴族の豊かな食生活が判明した。

ちなみに長屋王は、神亀六年（七二九）、藤原四子（不比等の子どもたち）の陰謀によって自殺に追い込まれている。これは、不比等の娘である光明子《こうみょうし》を聖武《しょうむ》天皇の皇后にすることに、長屋王が強く反対したため、対立が高じた結果だとされる。

光明子は長屋王の死後、ついに皇族以外の出身者で初めて皇后に就いた。そんな光明皇后だが、彼女はなんと、自分の兄弟が滅ぼした長屋王の屋敷跡を自分の邸宅として使用していたのである。この事実を教えてくれたのも、このとき出土した木簡であった。

二〇〇九年一月には平城宮跡で大量の木簡が出土した。これは、長屋王の邸宅跡から出土した数に匹敵するものだという。

これからもきっと全国で多くの木簡が出てくると思うが、その解析が進めば、私たちの前に、本当の古代史が姿を現すようになるだろう。

古墳時代にすでに九九《くく》は使われていた

木簡は面白い。近年は、木簡にはバラエティーに富んだ内容が記されていることがわかってきた。

たとえば二〇〇八年、九九を記した木簡（七世紀後半）が大沢谷内《おおさわやち》遺跡（新潟市）で発見された。ちょっとビックリだが、すでにこれまで九九が記された木簡は四〇点も見つかっているそうだ。でも、九の段がすべてそろっているのは、今回の木簡が初めてだそうだ。

九九は、古墳時代に中国や百済から我が国に伝えられたようで、古代では貴族の素養の一つとされた。ちなみに、この木簡を書いた人物は、あまりきちんと九九を記憶していなかったらしく、たとえば「六九七十四」とか「三九二十四」といった誤りもあるのがほほえましい。

なお、木簡が出土した大沢谷内遺跡は、蝦夷《えみし》（東北地方で朝廷に服属しない住人）平定の拠点として大和朝廷が大化三年（六四七）に設置した渟足柵《ぬたりのき》に近いことから、このあたりに配属された朝廷の地方役人が、九九を暗記しようと木簡に書き込んで練習したのかもしれないそうだ。

二〇〇九年一月には、道上遺跡《どうのうえ》（奥州市）から長さ約四六センチ、太さ約四センチの丸太に墨書された遺物が出てきた。

こんなかたちでも、やはり木簡というのだそうだ。

その内容だが、田圃の所有権を主張し、他人が勝手に土地に立ち入ることを禁じるものであったが、その文中に「字《あざ》」が記されていたという。これによって、木簡がつくられた十世紀に、東日本において狭い範囲の土地を表記するための「字」がすでに用いられていた事実が判明したのである。

さらに二〇〇六年、琵琶湖の北端に位置する塩津港《しおつこう》遺跡（滋賀県西浅井町）から十二世紀の木簡が見つかった。

幅は一二・五センチだが、なんとその長さは二二〇・五センチもある。これは、現在における日本最長の木簡だという。

しかもその内容は、起請文《きしょうもん》であった。平安時代末期に登場した誓約書である。契約した内容の遵守を神仏に誓約し、「もし契約に違反したら天罰が当たってもよい」

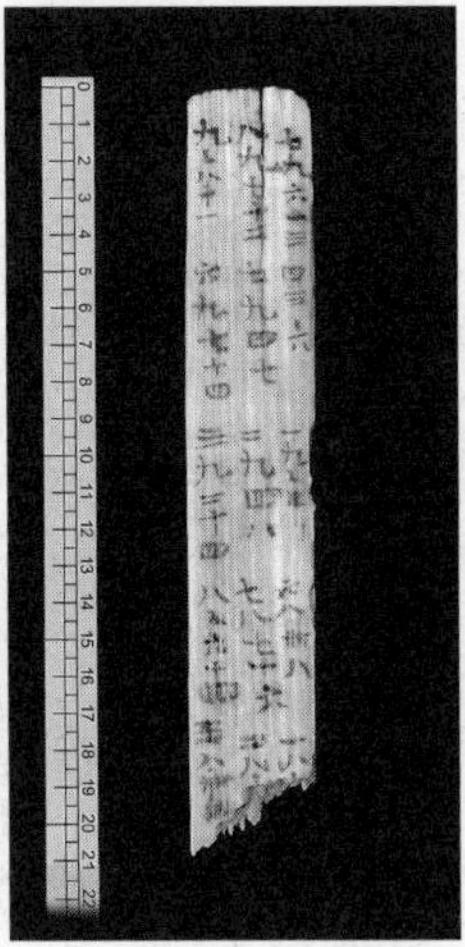

大沢谷内遺跡から出土した九九の書かれた木簡
（写真提供：新潟市埋蔵文化財センター）

と明記したものだ。戦国武将なども盛んに起請文を取り交わしている。

ただ、起請文はふつうは紙に認めるものであり、このように、木簡に記されたのは初めてだという。

さて、木簡起請文の内容だが、草部行光という人物が、「今度請けおった荷物のうち、もし魚一巻でも失ったら、私は神罰を受けるでしょう」と書かれたもので、どうやら草部は運送業者のようで、この木簡は、運送の仕事がきちんと終了するまで、顧客の信用を得るため塩津港に掲示してあったのではないかと推定されている。

おそらく、今後も面白い木簡が続々と登場してくることだろう。

立て続けに発見される『万葉集』の歌

万葉集は、我が国最古の歌集である。きっとみなさんの中にも、万葉集に載録されている歌をこよなく愛している方もおられるだろう。

この歌集は全二〇巻、短歌や長歌、旋頭歌などすべて合わせて四五〇〇首もの歌が載っている。最終的な成立年代は八世紀後半と推定され、大伴家持《やかもち》が編纂の中心となったと伝えられるが、七世紀前半の舒明《じょめい》天皇の時代から一五〇年近くにわたる歌が掲載されていることから、万葉集は段階的に整理されていったものと考えられている。

歌の作者は、天皇や貴族、山上憶良《やまのうえのおくら》や山部赤人《やまべのあかひと》、額田王《ぬかたのおおきみ》といった貴人や宮廷歌人だけではない。防人歌《さきもりのうた》や東歌《あずまうた》など、名もない地方農民や庶民がつくったものまで、非常にバラエティーに富んでいる。

さて、二〇〇八年は、考古学界で万葉集が話題になった年だったといえる。というのは、万葉集に載録されている歌が記された木簡が、立て続けに三点も発見されたからである。なんとも奇遇だ。

二〇〇八年五月、紫香楽宮《しがらきのみや》跡（甲賀市信楽町）から出土した八世紀中頃の木簡に、紀《きの》貫之《つらゆき》が『古今和歌集』の序文（「仮名序」）のなかで紹介している「難波津の歌」と「安積《あさか》山《やま》の歌」が記されていることが判明した。

貫之は、この二つの歌について、「まさに歌の父母であり、文字を習う人が最初に学ぶものだ」と語っている。そんな両歌が、一つの木簡の表裏に記されていたのである。

この木簡は一九九九年に発見されたもので、「難波津の歌」については確認されていた。それを今回、栄原永遠男大阪市立大学教授が木簡を元の形に復元しようと再調査しているとき、裏面に書かれていた「安積山の歌」の存在に気がついたのだという。

つまり、『古今和歌集』で「歌の父母」として紹介される一五〇年も前に、この二つの歌は、ワンセットで認識されていたことが判明したわけだ。

なおかつ、「安積山の歌」は『万葉集』にも載録されており、万葉歌が木簡で見つかったのは、今回が初めてのことである。

ちなみに、これらの歌は、漢字を用いて日本語の音を表す万葉仮名で記されていた。このため、紫香楽宮で催された歌会や儀式などで、はっきり詠み上げるためにつくられたのだろうと栄原教授はみている。

この発見が話題になると、二〇〇六年に森岡隆筑波大学准教授がその著書で発表した事実が研究者の間で知られるようになった。

二〇〇三年に石神遺跡（奈良県明日香村）で「留之良奈□麻久、阿佐奈伎尓伎也」という二行の文が刻まれた木簡が出土したが、関係者はその意味するところがわからなかった。

だが、森岡准教授は、行を右からではなく左から読むと、『万葉集』巻七に収録されている「朝なぎに来寄る白波見まく欲り我はすれども風こそ寄せね」の冒頭部分「あさなきにきやるしらなにまく」とほぼ一致することに気づいたのである。

これによって、この木簡が万葉歌を記したものであることが明らかになった。

次いで十月、馬場南遺跡（木津川市）から「阿支波支乃之多波毛美智」と墨書された七世紀後半の木簡が見つかった。調査の結果、「あきはぎのしたばもみち」と音読みした万葉仮名であることがわかり、万葉集巻十に登場する作者不明の「秋萩の下葉もみちぬあらたまの月の経ゆけば風をいたみかも」という歌の最初の部分と一致したのである。

これに関して栄原永遠男大阪市立大学教授は、「この歌の収録された巻は七四五年ごろに完成したとみられ、新作ではなく古歌を鑑賞する歌会で記されたのでは。万葉集の普及を示す資料」(京都新聞　二〇〇八年十月二十三日付)とコメントしている。

対して毛利正守武庫川女子大学教授は、「万葉集は訓読みの漢字交じりだが、見つかった木簡はすべて音読みの万葉仮名。単に読み方を示した可能性がある一方で、歌木簡が本の成立以前であることも含めて著者が本を見ていない可能性がある」と述べ、少々見解を異にしている。

いずれにせよ、万葉歌を記した歌木簡という存在が明らかになったことで、今後『万葉集』研究は木簡分野からも進展していくのは間違いないだろう。

奈良時代の東大寺には100メートルの塔がそびえていた

古代人の建築技術の見事さを証明する発見が、近年相次いでいる。

とくに奈良時代の巨大建築の存在が、考古学者たちを驚かせている。

ちなみにこの時代の巨大な建物といえば、すぐに東大寺大仏殿が思い浮かぶだろう。きっとみなさんも、一度くらいは修学旅行などで大仏殿を目の当たりにしたことがあるはずだ。

東西約五七・五メートル、南北五〇・五メートルの壮大な木造建築だが、じつは江戸の元禄時代再々建されたもので、これでも当初の大きさより三分の二程度縮小してしまっているのである。つまり、古代の大仏殿は、もっと大きかったわけだ。

さて、そんな東大寺にツインタワーが存在したことをご存知だろうか。

「ツインタワーなんて、ずいぶん大げさな表現だな」

そう思われたみなさん、別に大げさではないのだ。

古記録によれば、約一〇〇メートルの高さを誇っていたと伝えられる。

これを聞いて、耳を疑った方もおられるかもしれない。

現在、木造建築で最も高い古建築は、江戸時代につくられた京都の東寺の塔だが、あの塔でさえ五七メートルしかないのに、奈良時代の東大寺には、およそ一〇〇メートルのタワーが本当にそびえ立っていたのである。

しかも、西塔が二〇〇年間、東塔は四〇〇年間も起立していたというからスゴイ話ではないか。

残念ながら東大寺の両塔は火事で焼失してしまったが、二〇〇四年には高さ二六メートルの相輪を鋳造したと推定される遺構が東大寺の境内から発掘されている。

さて、そんな東大寺に対して、西大寺のほうはかなりマイナーである。現に、奈良まで観光に来て、東大寺を訪れない人は少ないが、西大寺を拝観しないで帰る人はけっこういるだろう。

西大寺は、称徳《しょうとく》天皇が恵美押勝《えみのおしかつ》の乱の平定を願って四天王像を造り、乱後、これを安置する四王堂を建立したのがはじまりだとされる。やがて、朝廷が東大寺に匹敵する規模に拡大していったといわれている。

このように東大寺と並ぶ大寺である西大寺だが、文亀二年（一五〇二）、兵火のために建造物のほとんどが燃え落ちてしまい、現在の建物は、いずれも江戸時代以降の再建となっている。

そんな西大寺跡から二〇〇八年六月、薬師金堂跡が出土し、その大きさが東西三五・七メートル、南北一五・九メートルの巨大なものだったことが判明した。これは、古記録の『西大寺流記資財帳』の「長十一丈九尺」、「広五丈三尺」にピタリと一致する大きさであった。西大寺には、このほかにもう一つ弥勒金堂と呼ばれる金堂があり、さらに東西の塔がそびえ立っていたと伝えられる。

ちなみに、金堂を薬師金堂と呼ぶのは、薬師如来が本尊として安置されていたからだと思うが、薬師といえば、やはり奈良では薬師寺が有名だろう。そんな薬師寺に対し、同じ奈良に新薬師寺という寺院があることをご存知だろう。

この両寺はどのような関係にあるのだろうか。

じつは、全く関係がないのである。

新薬師寺は、光明皇后が天平十九年（七四七）に聖武天皇の病の平癒を願って、九間もある大きな金堂を建てて七仏薬師像を建立したのがはじまりで、薬師像から薬師寺という名がつき、薬師寺と区別するため「新」をつけたらしい。一説には「香薬寺」と称したと

奈良教育大の構内から出土した新薬師寺の基壇建物遺構
（写真提供：奈良教育大学）

もいわれている。

二〇〇八年六月、現在の新薬師寺近くの奈良教育大学の構内から、かつて存在した新薬師寺の金堂跡（講堂と考える学者もある）が発掘された。

東西三五・七メートル、南北一五・九メートルの規模で、古記録と一致したと、発掘を担当する奈良文化財研究所は発表したが、五ヵ月後にこれが訂正された。

なぜなら、さらに東西の規模が拡大することが判明したからだ。

結局、東西約五九メートル、軒の張りだしを含めると約六八メートルにもなる巨大な建造物だったことがわかったのである。つまり、現在の東大寺大仏殿よりも大きいことが判明したわけだ。なおかつ、柱の数だけでいえば東大寺大仏殿を上回り、かつ、正面のほぼ全面に階段を設置する前代未聞の構造を持っていたこともわかった。現在のこぢんまりとした新薬師寺の雰囲気からは想像できないほどの巨大伽藍だったのである。

ちなみに今回発掘された金堂は、応和二年（九六二）に台風によって諸堂とともに倒壊してしまったものだと推定されている。発掘跡から一五〇メートル離れている現在の本堂の建物は、かつての食堂や別院だと推定されている。

なお、新薬師寺といえば、国宝の十二神像が教科書に必ず掲載されるほど有名になっているが、意外なことに、もともと十二神像は同寺の所有仏ではなく、近くの岩淵寺から移されたものだといわれている。

ともあれ、発掘調査によって、ここ数年のうちに、次々と奈良の巨大建築跡が発見されているのである。平城京遷都千三百年を前にして、今後も新たな発見があるかもしれない。楽しみに待ちたい。

戦う前に論戦によって決着がついた珍しい国家の大乱

前項で述べた新薬師寺の南門西脇に、鏡神社《かがみ》と称する社が鎮座する。

大同元年（八〇六）、福智院《ふくちいん》境内（奈良市福智院町）にあった同社を、新薬師寺の鎮守としてこの場所に遷座させたのだと伝えられる。その主祭神は、意外なことに藤原広嗣《ひろつぐ》になっている。死後に彼が怨霊と化したので、その怒りを鎮めるために鏡神社の祭神としてお祀りしたのだという。

周知のように藤原広嗣は、国家に反乱を起こした男である。乱については、すべての日本史の教科書に登場する。

たとえば桐原書店の『日本史B』には、「不比等の四子があいついで死去したので、一時、藤原氏が衰え、皇族出身の橘諸兄《たちばなのもろえ》が、唐の留学から帰った吉備真備《きびのまきび》・僧玄昉《そうげんぼう》らを参画させて、政治を主導した。これを不満とした大宰少弐《だざいしょうに》の藤原広嗣は天平一二（七四〇）年、真備らを除くことを名目に、北九州で兵をあげたが、敗死した（藤原広嗣の乱）。

この反乱による中央の動揺は著しく、聖武天皇は、山背の恭仁《くに》や摂津の難波、近江の紫《し》香楽《がらき》とつぎつぎに都を移した。あいつぐ遷都による造営工事などによって人心が動揺し、そのうえ疫病や天災があいついだので、社会不安はいっそう高まった」と書かれている。

本文から、いかにこの乱が政治や社会全体に大きな影響を与えたかが理解できるだろう。ただ、どのように広嗣の乱が平定されたのか、どうして聖武天皇が都を転々としなくてはならなかったのか、そのへんのところがこの短い記述では残念ながらよくわからない。でも、他の教科書は、もっと説明が短いのである。

そんなわけで、本稿では気になる部分を詳しく補足しようと思う。

天平八年（七三六）、朝廷の実権を握っていた藤原四子（不比等の4人の子どもたち）が短期間のうちに天然痘によって相次いで死んでしまった。天然痘の猛威はすさまじく、政権をになう参議以上のうち、生き残ったのはわずかに三人という異常事態に陥った。生き残った参議のなかで、政権を担当することになったのは皇親（皇族）の橘諸兄《たちばなもろえ》であって、藤原氏は政権の座から転落してしまったのである。

広嗣は、藤原四子のうち式家を興した参議宇合《うまかい》の嫡男であったが、素行が悪く、親族との間も険悪になるなど、かなりの問題児だったようだ。このため、橘諸兄政権によって天平十年（七三八）に大宰少弐《しょうに》に任じられ、北九州の大宰府へと飛ばされてしまった。

それから二年後の天平十二年八月二十九日、大宰府の広嗣から聖武天皇に宛てた上表文が届いた。そこには、「天災が続くのは吉備真備《きびのまきび》と玄昉《げんぼう》を重用しているからであり、ただちに二人を政権から排除するべきだ」と書かれていた。そして、その返事を待たないまま、広嗣は挙兵したのである。

九月三日、反乱の報が平城京に届いた。仰天した聖武天皇は、すぐさま大野東人《あづまひと》を大将軍に任じ、一万七〇〇〇の兵を西へ向かわせた。大野は長門国豊浦を本営とし、阿倍虫麻呂に四〇〇〇の兵をつけて渡海させた。朝廷軍の来襲を知った広嗣は軍を三手にわけ、朝廷軍を三方から攻めて殲滅する作戦を展開した。

これに対し朝廷軍は、面白い戦略をとった。

板櫃川《いたびつがわ》に陣を敷き、西国一帯に勅符（天皇の文書）をばらまいて「広嗣を殺害した者に五位以上を授け、投降した兵は一切罰しない」と通達すると同時に、「広嗣は生まれながら凶悪なヤツで、大人になるとずる賢くなった。そんな広嗣を父親の宇合は捨てようとしたが、私（聖武天皇）がとりなしてやったのだ。最近は親族の間でもめ事を起こすので、反省を促すために大宰府へ送ったのに、叛旗を翻し人民を苦しめている。すぐにも天罰が下るだろう」という情報戦を仕掛けたのである。

十月上旬、広嗣本軍が板櫃川に着陣するが、他の二隊はまだ到着していない。するると朝廷軍は、都からわざわざ連れてきた九州出身者を用い、広嗣軍に盛んに投降を呼びかけさせたのである。相手を動揺させる心理戦だ。

さらに軍に同行していた勅使佐伯常人《さえきのつねひと》が、対陣する敵軍に向かい広嗣本人を呼び出そうとした。一〇回ほど呼びかけたが返事がない。

が、しばらくすると、とうとう馬に乗った広嗣が勅使の見えるところに姿を現した。そして、勅使が旧知の佐伯常人と阿倍虫麻呂だとわかると、広嗣は彼らを礼拝した後、「自分は朝廷に逆らうつもりはない。私はただ朝廷を乱している吉備真備と玄昉の引き渡しを求めているだけ。もし私が反逆者なら、神々の罰を受けるはず」と胸を張ったのである。

これに対して常人は、「我々は勅命を伝えるために大宰府の役人を呼び出したのに、なにゆえ挙兵して押し寄せてきたのだ」と公衆の面前でその行為を難詰したのである。

問い詰められた広嗣は、返答できずに馬に乗って退却したという。

広嗣の言い分が完全に論破されたことで、朝廷方に投降する兵が続出、戦わずして広嗣軍は四散したのだった。

それにしても、武力を用いて戦う前に、論戦によって勝負がついてしまうなんて、ちょっと考えられない決着だといえよう。

さて、その後の広嗣である。その場から姿を消した広嗣は、弟の綱手《つなて》とともに逃亡を続け、肥前国松浦郡《まつうらぐん》値嘉島《ちかのしま》から船で中国大陸を目指したが、済州島まで近づきながら、烈風に吹き戻されて五島列島に漂着、十月二十三日にこの地で捕縛された。その身柄は大宰府に移送されることになったが、その途中の松浦郡家《ぐうけ》（郡の政庁）で広嗣は斬首されて終わった。十一月一日のことであった。

この乱では関係者二六人が処刑され、その親族を含め三〇〇人近くが処罰されたと伝えられる。

さて、広嗣が憎悪した玄昉だが、藤原仲麻呂が政権を握ると筑紫国観世音寺へ左遷された。その後、玄昉は広嗣の霊に苦しみながら死んだといわれる。天空から現れた手に連れ去られ、のちに首だけが興福寺に転がっていたという伝説も生まれた。

このように、広嗣は当時の人びとに怨霊として畏怖される存在となり、彼が死んだ肥前国に広嗣を祭神とする鏡神社（唐津市）が創建され、それが勧請されたのが奈良の鏡神社だと伝えられる。

なぜ聖武天皇は五年近くにわたって迷走を続けたのか？

藤原広嗣の乱が終息した天平十二年十月二十六日、聖武天皇は討伐軍の総大将大野東人に対し「自分は思うところがあって関東へ行幸《ぎょうこう》するつもりだ。いまそんなことをしている場合ではないのは重々承知しているが、やむえないことなのだ。これを聞いて驚き怪しんではならない」という勅を出し、平城京から出ていってしまったのである。

かくして聖武は、伊勢国赤坂頓宮《とんぐう》へ入り、伊勢湾の北岸を通って美濃国不破頓宮へ向かい、今度は横川、犬上、野州と琵琶湖の東岸を南下しつつ粟津で一泊した後、恭仁に入った。そして、この場所に遷都すると宣言したのである。まさに青天の霹靂《へきれき》といえる行動だ。

ちなみにこの動きは、壬申の乱で勝利した大海人皇子（のちの天武天皇）の進撃ルートに重なり、奈良国立文化財研究所の渡辺晃宏氏は、「自分自身を天武に、広嗣の乱を壬申の乱に、そしてこれから遷《うつ》るべき新しい都（恭仁京）を飛鳥京にそれぞれ重ね合わせ、天武の足跡をたどったのではないか」（『日本の歴史04　平城京と木簡の世紀』講談社）と推測している。

とても面白い考え方であるが、突然の遷都命令によって、大規模な造京工事がはじめられ、五位以上の貴族たちも平城京から強制的に同地への居住が命じられた。天平十三年七月には、奈良にいた元正太上天皇も恭仁京へ遷った。ところが翌年八月になると、聖武は近江国甲賀郡紫香楽村にたびたび行幸するようになり、天平十五年、この地に盧舎那大仏を造立すると宣言したのである。

この大事業を本格的に行うため、恭仁京の造営は同年末までに実質的に中止されてしまう。これに代わって聖武は、副都として使用してきた難波宮を首都にしようと考えた。ただ、それにあたって官人から庶民にまで、「難波宮と恭仁京、いずれを都とすべきか」という前代未聞のアンケート調査を実施したのである。

結果は、平城京にほど近い恭仁京のほうに軍配があがった。にもかかわらず、聖武は難波宮への遷都を強行したのである。ならば、アンケートなどやらなければよいと思うが、よくわからない。

しかし、これで聖武の迷走が終わったわけではなく、まもなく彼は紫香楽宮へ行幸し、そのまま滞在し続けるのである。大仏造立事業が気になって仕方がなかったのかもしれない。

このため天平十六年になると、実質的に紫香楽宮が都のようになり、やがて正式にこの地に遷都する。ところが、である。

天平十七年五月、再び官人に都をどこにするかのアンケートを実施したのだ。すると全員一致で、「奈良の平城京こそ都にふさわしい」と答えたという。こうして四年半ぶりに聖武は平城京に戻ったのである。

いったいなぜ聖武はこのような奇妙な行動をとったのか。

光明皇后派と元正太上天皇派の確執だった、聖武天皇がノイローゼだったのなど、さまざまな説があるが、なかなか断定することは難しい。なお、大仏造立事業は、平城京において続けられることになった。

ところで紫香楽宮と恭仁京は現在も発掘が進んでおり、二〇〇八年十一月には紫香楽宮から八枚の木簡が発見され、そのうち六枚には梨、栗、里芋、ところてんといった食材が書かれていた。おそらく天皇に献上するための「贄《にえ》」であったと思われ、もしかしたら聖武天皇がこの食材を口にしたかもしれない。

奇しくも同じ十一月、恭仁京跡からは役人が政務を行った朝堂が発見された。

歴史のミステリー!?　記録に残らない謎の大寺院が出土

別項で、馬場南遺跡（木津川市）から「秋萩の下葉もみちぬあらたまの月の経ゆけば風をいたみかも」という万葉木簡が出土したと紹介したが、この馬場南遺跡というのが、なんともミステリーなのである。

この遺跡からは八世紀中頃（奈良時代）の寺院の跡が出土したのだが、奇妙なことに、全く文献に登場しない寺なのである。

ただし、寺院名ならわかっている。遺跡から寺名が記された墨書土器が発見されて判明したのだ。「神雄（尾）寺」である。なかなかおもむきのある名称だ。

この「神雄寺」は、現存する文献に登場しないだけでなく、発掘された建造物の構造も極めて異様なのである。本堂だと推定される方形の建物内部は、ほとんど須弥壇に覆い尽くされる構造になっていたのだ。

須弥壇というのは、仏像を安置するためのひな壇のこと。通常、礼拝するために堂内に入った者は、須弥壇の下で仏像に手を合わせる。だが、この神雄寺本堂ではそれができないことになるわけだ。須弥壇に上がって諸仏を拝んだとはちょっと考えられないことから、おそらく、建物の外から仏像群を眺めたものと想像される。

さらに不思議なことがある。

仏像の配置に関してである。この建物跡からは、塑像《そぞう》片が百数十点ほど出土しており、その形状からすると、多聞天の可能性が高い。多聞天というのは、須弥壇の四方に安置される四天王の一つ。それゆえ、須弥壇には四隅に四天王が安置されていたことがわかる。

そして通常、真ん中には本尊がある。

ところが、そんな本尊が立つべき場所に、この堂の場合、大きな柱穴が空いているのである。たぶん、大きい心柱が立っていたと思われる。もちろんこれでは、本尊を拝むのにめちゃくちゃ邪魔になってしまう。

いったい、これはどういうことなのだろうか。

じつは、専門家の間でも意見の一致を見ていない。

一つには、真ん中に須弥山を配置したという説がある。

須弥山とは、仏教でいうところの、世界の中心にそびえ立つという高山で、この中腹に四天王が住んでいるとされ、四天王は須弥山の守護神でもある。それゆえ真ん中には、須弥山をかたどった三彩陶器などがおかれており、柱穴はそれを支える心棒の跡ではないかというのだ。事実、この遺跡からは、三彩陶器で須弥山を表現した造形物が出土している。ただ、もしそうであれば、我が国では初の形式である。

なお、この本堂跡とされる南側の低地にも建物跡があり、これは儀式の場となる礼堂だと思われる。本堂跡からこの礼堂までは、神社建築の「流れ造り」のような庇《ひさし》がのびる構造だったと推定されている。

また、建物跡の前に広がる池跡周辺から八〇〇〇枚を超える灯明皿が出土しており、天皇や大臣を表す「大殿」と書かれた墨書土器が見つかっていることから、朝廷が関与した大規模な燃灯供養が行われたと想定されている。

朝日新聞のウエブサイトasahi.com（二〇〇九年二月十二日）によれば、千田稔国際日本文化研究センター名誉教授は、『続日本紀』の天平十六年（七四四）十二月の記事に、聖武天皇が金鐘寺《こんしゅじ》（東大寺の前身）と恭仁京の朱雀《すざく》大路で一万杯の灯明を燃やして国家安泰を祈る「燃灯供養」を行ったとあり、じつは金鐘寺というのは神雄寺の誤りであり、この場所で燃灯供養を行ったので灯明皿が八〇〇〇枚も出土したのではないかと推測している。

こんなスゴイ寺院なのに、どうして記録に残っていないのだろうか。

それについては、面白い説がある。

政治権力によって故意に抹消された氏族の寺院ではないかというものだ。

上田正昭京都大学名誉教授は「井手・木津を勢力圏とし、恭仁京遷都に力を尽くした橘氏が想像できる。橘諸兄は左大臣になったが、息子の奈良麻呂の代で失脚した。これだけの寺が記録に残っていない理由も説明できる」（読売新聞　二〇〇九年一月十二日）と述べている。また、木津川市教育委員会中島正社会教育課長補佐も「遺物の様相は奈良後期に偏っており、仏教による国造りを目指した孝謙（称徳）天皇や道教が関係する可能性もある」（前掲新聞）と記している。

それにしてもミステリーな発掘事件である。

第三章 発掘品から昔も今も変わらぬ人間模様が見える

食品偽装ならぬ古代の偽造兜《ぎぞうかぶと》の謎に迫る

発掘をしていると、時折ワケのわからないものが出てくることがある。

二〇〇六年、岩手県矢巾《やはば》町教育委員会が行った同町の発掘調査で、井戸跡からトチノキでつくられた水桶が見つかった。井戸から桶が出土するのは当たり前だろうと思うかもしれないが、よく見ると水桶は兜の形にソックリだった。

そこで放射性炭素年代測定法で年代を計測してみると、なんと、六四〇年〜六九〇年という数値を弾き出したのである。今から一四〇〇年近く前、遥か古代のものだったことが判明したのだ。ちなみに井戸跡は、古代には徳丹城《とくたんじょう》という城柵が存在した。蝦夷を討伐するために造った城である。徳丹城は、朝廷から蝦夷討伐を命じられた征夷大将軍文屋綿《ふんやのわた》麻呂《まろ》が、弘仁三年（八一二年）頃に築城したものだといわれる。約三五〇メートル四方の広さを持ち、昭和四十四年に国の史跡に指定されている。

そこで発掘を担当した矢巾町教育委員会は、奈良市の元興寺文化財研究所に水桶の調査を依頼、同研究所が桶のデジタルデータを作成し、これにもとづいて復元品を作成したと

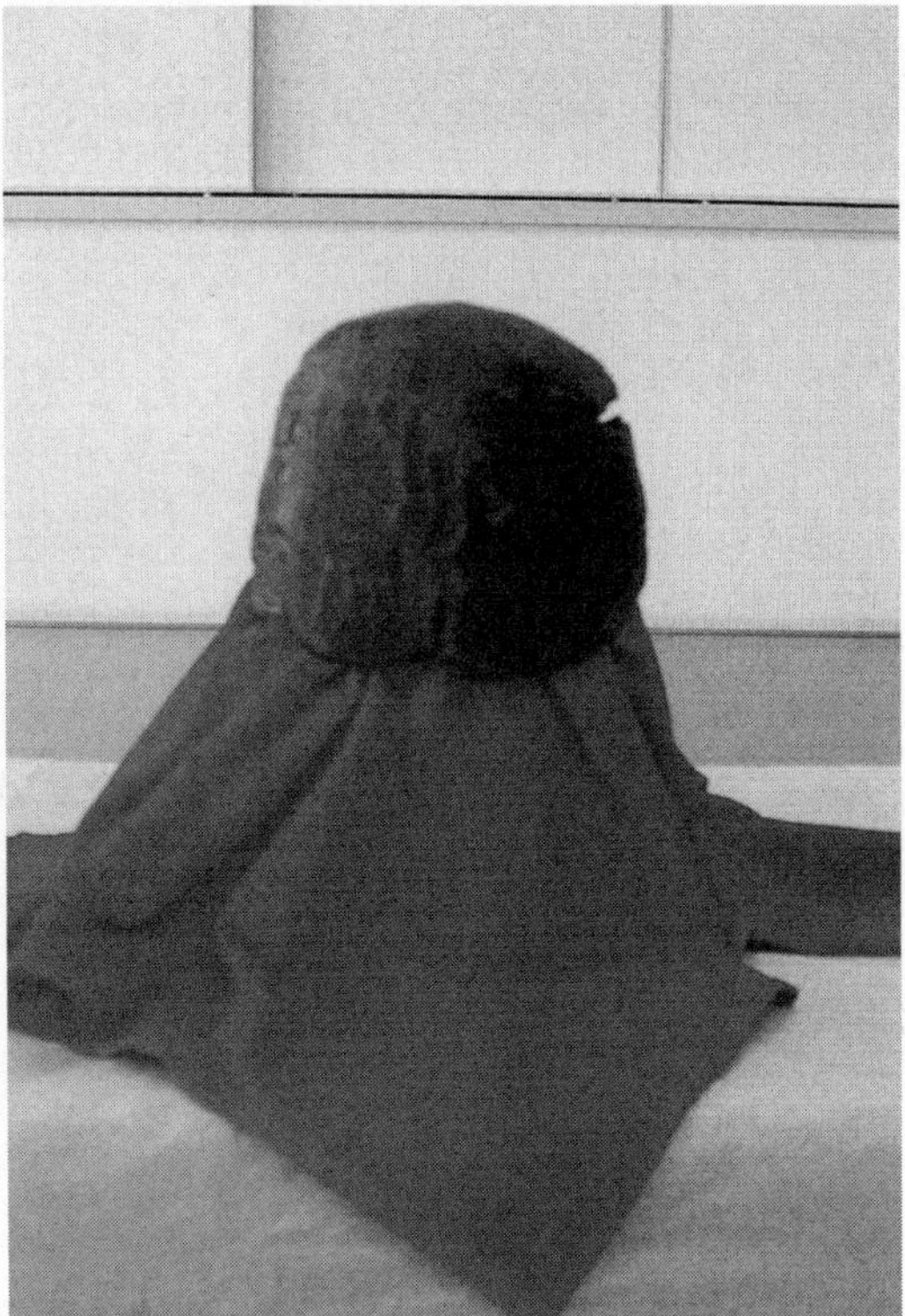

岩手市中町の徳丹城跡から出土した木製の兜
（写真提供：毎日新聞社）

ころ、まさに、古代の鉄兜に瓜《うり》二つになったのである。

水桶の表面に黒漆が塗られていることもわかり、これは水桶などではなく、わざと鉄兜に似せて角を残す加工が施された偽兜だということが判明した。

こうした木製兜については、六国史《りっこくし》の『日本三代実録』の元慶五年（八八一）の記録に登場し、古代に使用されていたことは知られていたが、実物が確認されたのは今回が初めてで、非常に貴重な文化財だといえよう。

それにしてもなぜ、わざわざ鉄製兜の模造品を木でつくったのだろう。

調査を担当した元興寺文化財研究所の塚本敏夫保存科学研究室長は、「少しでも強い防具を持っているんだと敵に見せつけるために、あえて難しい技術を使って鉄兜に見せる工夫をしたのだろう」（『毎日新聞』二〇〇八年六月十八日記事）と話している。

鉄が貴重な時代の苦肉の策といえるかもしれない。数年前から食品偽装が世間を騒がしているが、古代の人びとも偽装工作を行っていたわけだ。

ちなみに、幕末にペリーが浦賀に来航したさい、幕府は釣り鐘を横にして大砲のように見せかけていたという話も残っており、人間のやることはあまり変わらないのだなとつくづく思う次第である。

源氏物語は、幕末の英雄が暇つぶしに読んだ本？

「おれは、一体文学が大嫌ひだ。詩でも、歌でも、発句《ほっく》でも、みなでたらめだ。何一つ修業したことはない。学問とても何もしない。たゞあの四、五年間、屛居《へいきょ》を命ぜられたお蔭で、少々の学問ができた。『源氏物語』や、いろいろの和文も、この時に読んだ」（江藤淳、松浦玲編『氷川清話』講談社学術文庫）

そう語っているのは、江戸城を無血開城に導き、新政府軍の江戸総攻撃を阻止した勝海舟《かつかいしゅう》である。蒸気船「咸臨丸《かんりんまる》」を操縦して太平洋を渡ったことでも有名だろう。坂本龍馬の師でもある。

そんな勝だが、幕末、失脚して幕府に蟄居を命ぜられていた一時期があった。このときのことを右の文章は回想しているわけだ。自宅に幽居して時間をもてあましたのだろう、暇つぶしに源氏物語を読んだことを告白している。

じつはその現物が、神戸市の甲南女子大学で発見されたのである。

同大学は一九七三年に古書店から『源氏物語』五四帖の一つ『梅枝巻』を購入した。この本の二ページ目には「勝安房《かつあわ》」という蔵書印が押してある。これは、勝が明治維新後に名乗っていたもので、二〇〇八年、国立国会図書館が所蔵する勝の蔵書印入り本と比較したところ、同一の印影と判明した。確かに勝が所蔵していた本だったのだ。

さらに、この本を同大教授の米田明美氏が田中登関西大学教授に鑑定を依頼したところ、すごいことがわかったのである。

ご存じのとおり、紫式部が書いた直筆の『源氏物語』は現存しない。写本の最古は、鎌倉時代初期のものであるが、大きく三つの系統に分類できる。鎌倉前期に藤原定家《ていか》がまとめた「青表紙本」、源光行らがまとめた「河内本」、そしてそれ以外のさまざまな「別本」と呼ばれる系統である。

これまで甲南女子大学の『梅枝巻』は、「河内本」系統に属するものだと考えられてきた。だが、二〇〇八年が『源氏物語』の千年紀だったこともあり、米田教授が大学の所蔵している本を調べたところ、「河内本」と異なる記述を見つけた。

光源氏が妻の「紫の上」の書を「とても素晴らしいね」と褒めたのに対し、彼女が「いたうなすかし給そ」と答えた部分だ。「ご冗談をおっしゃらないで」という意味で、夫の光源氏の褒め言葉に「紫の上」が照れたのだが、この表現は「河内本」には存在しない。

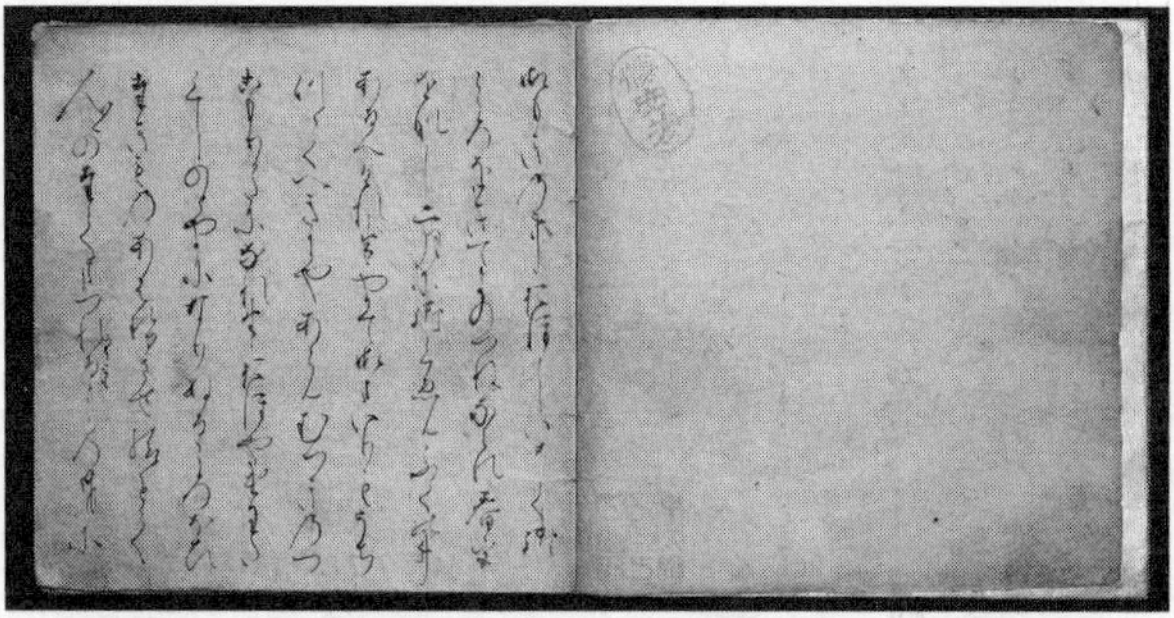

勝海舟が読んだ「源氏物語」（甲南女子大学図書館蔵）

つまり、「河内本」系統の写本ではなく、「別本」系統だと判明したのである。さらに、鑑定の結果、鎌倉時代中期（一二四〇～八〇年頃）に写されたものとわかった。これは、東京国立博物館が所蔵する最古の『梅枝巻』で、「保坂本」と呼ばれる写本と並んで、国内最古級だそうだ。

勝海舟もずいぶんと貴重な本を手に入れたものだ。

さて、二〇〇八年は「源氏物語千年紀」ということもあって、ずいぶん関連した発見があった。

たとえば七〇年も行方不明になっていた「大沢本」も発見された。この写本は、豊臣秀吉が大沢という人物に与えたという伝承を持つもので、全五四帖がそろっている。ただ、一度に写して完成させたものではなく、鎌倉時代中期から室町時代までの雑多な写本を集めた「取り合わせ本」で、「別本」系統が半数を占める。そんな「大沢本」だが、大沢氏の子孫の手から離れ、太平洋戦争前後に行方不明になっていた。

今回、国文学研究資料館の伊井春樹館長が古い『源氏物語』を所蔵している方の依頼を受け、これを鑑定した結果、忽然と姿を消した「大沢本」と判明したのである。重要文化財級の極めて貴重な史料だという。

同年十二月には、『源語梯』の版木が発見された。『源語梯』は江戸時代の天明四年（一七八四）に出版された『源氏物語』の辞書である。著者はわからないが、文庫本サイズのなかに『源氏物語』に登場するさまざまな言葉を分野別に「いろは」順で並べて、各語を簡潔に解説したものだ。

福田安典愛媛大学教授は、「戦時中、燃料として使われるなどしたため、版木が残っているのは珍しい。文章を訂正する際、木を削って埋めた跡が版木に残る場合もあり、今後の調査も興味深い」（毎日新聞　二〇〇八年十二月五日付）というコメントを出している。

「三筆《さんぴつ》」と「三蹟《さんせき》」を正確に言えますか

『日本史B』の教科書すべてに、「三筆」と「三蹟」が登場する。

この状態は、三〇年前からゼンゼン変わっていない。だから日本史を選択していれば、あなたもきっと高校の授業で勉強したはずだ。

平安時代初期（弘仁・貞観文化）の三人の能筆家を「三筆」といい、平安中期（国風文化）の能筆家三名を「三蹟」と呼ぶ。

大学の入試問題には、この「三筆」、「三蹟」に関する設問はよく出題される。だから暗記人物としては、今も必須なのだ。

では、かつて日本史を勉強したみなさん、合計六人を正確に答えてみていただきたい。

正解は、「三筆」が空海・嵯峨天皇・橘逸勢《たちばなのはやなり》、そして「三蹟」が小野道風・藤原佐理《すけまさ》・藤原行成《ゆきなり》である。

いかがであろう。何人答えることができたろうか。

ただ、そもそも「三筆」と「三蹟」という言葉は、いったい誰がどのような権限で認定したのか。

歌手の山口百恵、森昌子、桜田淳子が「花の中三トリオ」と言われたように、該当者が生きているときから、世の中でそう呼ばれていたのだろうか。

じつは、初めて「三筆」、「三蹟」という言葉が登場するのは、元禄時代の『合類大節用集』が初出なのである。つまり、江戸時代になってから生まれた言葉である可能性が高いのだ。なんとも拍子抜けしてしまうが、少なくても彼らが生きている当時から「三筆」、「三蹟」の呼称があったとは考えられない。

さらに、かつて水谷良重、黒柳徹子、横山道代を「三人娘」と言ったが、その後、元祖三人娘（美空ひばり、江利チエミ、雪村いづみ）、スパーク三人娘（伊東ゆかり、中尾ミエ、園まり）、新三人娘（南沙織、小柳ルミ子、天地真理）、フレッシュ三人娘（榊原郁恵、清水由貴子、高田みづえ）など、次々とユニットが生まれていったように、じつは、「三筆」にも明治時代以降になって、「寛永の三筆」（近衛信尹、本阿弥光悦、松花堂昭乗）、「黄檗《おうばく》の三筆」（即非如一《そくひによいち》、隠元隆琦《いんげんりゅうき》、木庵性瑫《もくあんしょうとう》）、「幕末の三筆」（巻菱湖《まきりょうこ》、市河米庵《いちかわべいあん》、貫名海屋《ぬきなうみや》）など、続々とつくられているのである。

いずれにせよ、「三筆」と「三蹟」に含まれる人びとはたいへんな能書家であるものの、彼らをセットで覚えることの意味はほとんどないといえる。大学の先生方、「三筆」と「三蹟」をグループとして問う問題をつくるのはやめましょう。

さて、「三筆」の中でも、「弘法も筆の誤り」という諺があるように、弘法大師空海が最も有名だろう。ちなみに、この諺は、空海が応天門の額を書く際、「応」の点を書くのを忘れた。すでに門に額が掛かってから気づいた空海は、なんと筆を高く放り上げて、点を書き入れたという逸話に由来する。

そんな空海を常々ライバル視していたのが、三筆の一人・嵯峨天皇であった。あるとき嵯峨天皇は空海を招いて、収集した書のお手本を見せ、その中で特にお気に入りの掛け軸を「これは中国人の手跡だと思われるが、名はわからない。しかし見事な筆跡で、私の重宝である」と自慢した。するとこれを聞いた空海は、「それは私が書いたものです」と明言した。

しかし嵯峨天皇は信用しない。そこで空海は「軸をはずして合わせ目を御覧ください」と言ったので、言うとおりにしてみると、「青龍寺において之を書す。沙門空海」と書かれていたので、嵯峨天皇は大いに恥じて、以後、空海と競い合うのをやめたという。

さて、三人目の三筆は、空海とともに遣唐使船で唐へ渡った橘逸勢である。逸勢の作品としてきちんと残っているのは「伊都内親王願文《いずないしんのう》」ぐらい。だが、この作品も本当に彼が書いたものかどうか、近年は怪しくなりつつあるのだ。なぜそんな人を後世、人びとは三筆のなかに加えたのだろうか。

怪しいといえば、国宝の中に『円珍勅書』という書がある。東京国立博物館に所蔵されているもので、天台座主円珍が没したさい、醍醐天皇は勅命により彼を「法印大和尚位」に任じ「智証大師《ちしょうだいし》」という諡号《しごう》を贈った。そのときの天皇の伝達書が『円珍勅書』である。これまでは中務省で少内記（今で言う書記官）をしていた小野道風の書だといわれてきた。

これについて湯山賢一奈良国立博物館館長は、この時期の勅書としては字が草書体であり過ぎ、巻物なのに一行ずつ折り目が残っていて、「天皇御璽《ぎょじ》」の字形も他のものと異なり、当時の勅書形式ではないとし、勅書は道風の直筆でなく、後世の写しだと発表した。

なお、彼の代表作である「秋萩帖」も、じつは彼が書いたという確証はないのである。ということは、小野道風の書もこの世から消えるのかと思うかもしれないが、それについては安心してよい。「三体白氏詩巻」や「屏風土代」はちゃんと真筆だと認定されているからだ。

ちなみに『古今著聞集《ここんちょもんじゅう》』（橘 成季《たちばなのなりすえ》が著した鎌倉時代の説話集）には、小野道風について次のような逸話が残っている。

道風はかつて空海が書いた「美福門」と「朱雀門」の額を見て、「美福門」の「田」の部分がでかすぎる、「朱雀門」は「朱」が「米」のように見えてしまうと、大胆にも弘法大師の筆跡を批判したのである。それだけでなく、空海を馬鹿にした詩をつくったといわれる。このため罰が当たって中風にかかり、手の自由がきかなくなったという。

その後、もう一人の「三蹟」である藤原行成が、空海の書いた「美福門」の額を修復せよという宣旨を受けた。行成は、道風の例を恐れ、修復にあたり空海像に香華をささげ祭文を読んでから作業に取り掛かったと伝えられる。

平清盛はなぜ太政大臣まで上り詰めることができたのか

平清盛は、後白河上皇を幽閉して朝廷を牛耳《ぎゅうじ》ったことから、悪逆非道なイメージが定着している。確かにそういう面もある。だが、よく考えてみれば、清盛は卑賤な武士の出。そんな男が一代で太政大臣に上りつめ政権を掌握したのだ。単なる悪人と切り捨てることはできないだろう。そこで本稿では、清盛の成功の秘訣に迫ってみたいと思う。

『十訓抄《じっきんしょう》』には、次のような話が載る。

「清盛は、相手のつまらぬ冗談でも笑ってやり、部下が失敗をしても決して怒らない。小姓たちより早く目が覚めたときなどは、彼らを起こさないよう音を立てずに部屋をそっと出、そのまま寝かせてやった。どんな身分低き者も、大勢の前では丁重に扱った」

驚くべき気の使いようだ。そんな人であったればこそ、家臣たちはみな清盛に心服し、主人のために懸命に仕えたのだろう。

こうした心配りは臣下に対してばかりではなかった。清盛は誰とでも円滑な関係を心がけ、敵をつくることを避けている。一時、後白河と息子・二条天皇の対立が深刻になったことがあったが、このときも「ヨクヨクツツシミテ、イミジクハカラヒテ、アナタコナタシケルニコソ」という態度をとったと、同時代の慈円はその著書『愚管抄《ぐかんしょう》』に記している。つまり「アナタ」と「コナタ」の双方に配慮しつつ、巧みに行動したというのである。

これより前、院近臣・藤原信頼《のぶより》が実力者の藤原信西《しんぜい》を殺し、後白河と二条天皇を幽閉して政権を握ったことがある。世にいう平治《へいじ》の乱《らん》だ。このおり清盛は洛外にいたが、事態を知ってただちに都へ引き返した。強大な軍事力を擁する清盛が難なく洛中に入れたのは、信頼に敵とみなされていなかったからだ。

清盛は信西の子を婿に迎える約束をする一方、信頼とも密接な交わりを結んでいたのである。

しかし、反信頼派が台頭してくると、清盛は彼らと結んで一気に信頼を打倒する。それができたのは、特定の派閥に属さず、誰とでも組めるニュートラルな態勢を保っていたからにほかならない。八方美人は良くないが、諸勢力と円滑な友好関係を結ぶことで己の可能性を広げておくのは立派な処世術といえるだろう。

ところで清盛は、祈禱で雨を降らせ昇進した僧侶に関して、「病人は時がくれば治る。

旱天《かてん》も続けば、自然に雨が降るのだ」とその法力を真っ向から否定した。また、港の修築のため人柱を立てようとした公卿の意見も退けており、迷信を信じぬ合理的精神の持ち主だったことがわかる。

さらに、いち早く貿易の利益に目をつけ、瀬戸内海航路の安全をはかり、修築した大輪田泊《おおわだのとまり》に宋船を招いて莫大な富を手に入れた。そんな現実的で利にさとい清盛だが、朝廷の伝統的権威は破壊せず、むしろ出世のため鮮やかにこれを利用した。

よく清盛は、白河法皇の御落胤《ごらくいん》だといわれる。本当のところはわからないが、清盛自身、明らかに己が貴種であるかのように振る舞っている。貴族社会が清盛の太政大臣就任を許容したのは、彼を皇統と信じたからに他ならない。

さらに、高倉天皇と結婚した娘の徳子が産んだ安徳を即位させ、外戚として政権を樹立した。

これは、摂関政治の伝統を踏まえたものだ。つまり清盛は、源頼朝のように別個の政権を打ち立てず、伝統をうまく利用して朝廷のなかでトップに立つ方法を選択したのである。既成の枠組みを壊して新しいものを創るより、ずっと効率的であり、ある意味、清盛らしい合理的なやり方といえるだろう。

吉田兼好の書いた『徒然草《つれづれぐさ》』は、切ない恋物語だった

面白いものを発見した。日本史教科書の吉田兼好の項目だ。以下に四つ紹介するので、何がどう違うのかぜひとも考えてみていただきたい。

実教出版の『日本史B』は「鎌倉末には吉田兼好が無常観をもとに『徒然草』をあらわした」とある。

東京書籍の『日本史B』では「『方丈記』は、鎌倉時代末期に吉田（卜部《うらべ》）兼好が人生の生き方を鋭く批評した随筆『徒然草』とともに、鎌倉時代を代表する随筆作品として後世の文学に大きな影響を与えた」と説明している。

山川出版の『詳説日本史B』は「説話文学では、承久の乱後に『古今著聞集』など多くの作品が生まれ、その系統を引く兼好法師の『徒然草』は、著者の広い見聞と鋭い観察眼による随筆の名作である」とある。

三省堂の『日本史B』では、「鎌倉時代末期には卜部（吉田）兼好があらわれ、社会と

人びとを鋭く観察した随筆『徒然草』をのこしている」と書かれている。

いかがであろうか。それぞれの教科書の違いに気がつかれたろうか。

そう、吉田兼好の名前である。

「吉田兼好《けんこう》」とオーソドックスに記すものがあれば、「兼好法師」と書くものもある。さらには、あまり聞き慣れない「卜部《うらべ》兼好《かねよし》」という表記がある。

「いったい、どれが正しいんだ！」

そんなふうにいらつく方もいらっしゃると思う。

なぜこんなことになってしまったのか、簡単に説明しておこう。

まずは明言しておけば、『徒然草』の作者の正式な姓名は「卜部兼好」である。

兼好は、吉田神社の神職・卜部兼顕《かねあき》の子として生まれた。はじめ貴族の堀川家に仕え、のち後二条天皇に六位蔵人《くろうど》として出仕したが、天皇が死没してしまうと職を辞して出家した。そんなことから、当時から「兼好法師」と呼ばれていたらしい。つまり、「兼好法師」というのは、通称といえるだろう。

なお、卜部家は兼好の死後ずっと経ってから、吉田家と平野家に分裂する。このうち兼好は吉田家の系統に属していたことから、「吉田兼好」と世間一般で呼ばれるようになっていったものと思われる。つまり、「吉田兼好」は後称なのだ。

そんなわけで、私個人としては、やはり「卜部兼好」と記すのが一番適切ではないかと考えている。

こんな名前の逸話を知っておくと、お子さんたちに自慢できるだろう。

さて、今度は兼好が著した『徒然草』についてである。

「つれづれなるままに、日ぐらし硯にむかひて、心にうつりゆくよしなしごとを、そこはかとなく書きつくれば、あやしうこそものぐるほしけれ」

という冒頭の一文は、学生時代、古典の時間などに暗記させられた人も少なくないだろう。

先の四冊の日本史教科書を見ると、この随筆の評価について、微妙に説明にズレがあるように見えるが、これらをあえてまとめるなら、『徒然草』という作品は、「仏教の無常観のもとに、社会や人びとを鋭く観察・批評した名随筆」と言って差し支えなさそうだ。

しかし、こうした従来の解釈に対し、それを真っ向から否定する学者が存在する。

国際日本文化研究センターの光田和伸准教授である。

驚くべきことに国文学者の光田教授は、その著書『恋の隠し方―兼好と「徒然草」』（青草書房）のなかで、『徒然草』は仏教の無常観にもとづく鋭い随筆などではなく、愛する女性への思い出を記した恋愛物語だと断言するのである。

二百四十四段の短い文章のなかに、兼好自身が愛した女性の出会いから別れまでの思い出を巧みにバラバラに入れ込み、あたかもそれとは全く関係のない随筆のように見せかけるという、「スゴイ秘密」が隠されているのだという。

では、いったいどのように読み解けば、それが浮き出てくるのか、この秘密については、ぜひとも光田教授の本を買っていただきたいと思う。

それにしても、なんとも斬新な解釈である。

ところで、卜部兼好は、一般的には世を捨てた隠者だと考えられているが、それはとんでもない間違いだ。

確かに一時、出家して比叡山横川《よかわ》に庵を結んだが、やがて洛西の双ヶ丘に居を構えるようになり、次第に貴族が催す歌会などに出席しては、得意げに自分の歌を披露し、世人から「和歌四天王」と呼ばれるようになっていった。

また、『太平記』（南北朝時代の軍記物）によれば、兼好は足利尊氏の執事（重臣）高師《こうのもの》直《なお》のため、塩冶《えんや》判官《ほうがん》高貞《たかさだ》の妻への恋文の代筆をしたと伝えられる。ただ、師直が差し出した手紙は、封も切らず捨てられてしまったという。

するると、これを知った師直は、「いやいや、物の用に立たぬものは、手書きなり」と激怒、兼好を出入り禁止処分にしたとされる。

この逸話が史実どうかは判然としないものの、兼好が恋文の代筆をしていたのは事実だ。『兼好法師家集』に所収された和歌の枕詞にも、「女に遣わさんとて、人の詠ませし」とある。

さらにいえば、洞院《とういん》公賢《きんかた》の日記『園太暦《えんたいりやく》』には、高師直の狩衣《かりぎぬ》を兼好が選んでいたという記述もある。どうやら兼好は、かなり師直にべったりだったようだ。

さらに驚くべきは、兼好は、尊氏の弟・足利直義《ただよし》にも接近している。直義は高野山へ経典を献じたが、兼好が五首の和歌を経典に添書きしたことが判明している。直義は、高師直のライバルなのだ。

「名利《みようり》につかはれて、しづかなる暇なく、一生を苦むるこそおろかなれ。財おほければ身をまもるにまどし。害を買ひ煩《わずらい》を招くなかだちなり」

これは『徒然草』の一節である。

「名利にとりつかれると、心が落ち着く暇もなく、一生苦しむことになる。財産が多いと災いを招くぞ」

と兼好は世捨て人として、世人にアドバイスしている。

トンデモナイペテン師だ。

教科書のなかの怨霊と足利尊氏

得てして少年少女たちは、オカルトが大好きである。心霊現象やＵＦＯなどを特集した番組を、かつて私もテレビの前でかじりついて見ていた記憶がある。しかし、大人になるにつれ、いつしかそうした類の話に興味を失い、日々の仕事に追われるようになってしまった。おそらく、世のお父さん方も同様ではないかと思う。

しかし、古代や中世の人びとにとって、怨霊は本当に存在するものだったのである。少なくても、大人になってからも、彼らはその実在を信じて疑わなかった。

さらに驚くべきことに、そうした怨霊が歴史を動かした例というのも、決して少なくないのである。

最近の日本史教科書では、そうした事実についても、きちんと明記しようという方針の転換が起こりはじめている。

たとえば、桓武天皇が長岡京を一〇年で捨てて平安京に遷都した理由を、無実の罪で死に追いやった弟早良親王《さわらしんのう》の怨霊から逃れるためだと記す教科書が登場している。また、左遷され非業のうちに死を迎えた菅原道真が怨霊(雷神)と化し、都の人びとを恐怖に陥れたので北野天満宮を創建した事実や、醍醐天皇が道真の怨霊のために退位したことなどが掲載されるようになってきている。

そうした傾向のなか、まだ明記されていないことがある。それが、天竜寺の創建をめぐる逸話である。

『日本史B』(三省堂)には「1325(正中2)年、鎌倉幕府は元に建長寺船を派遣し、交易がもたらした利益で建長寺を修復した。足利尊氏も夢窓疎石《むそうそせき》のすすめもあって、天竜寺造営の費用にあてるため、天竜寺船を元に送った」とある。

さらに『日本史B』(実教出版)では、「足利尊氏・直義兄弟は、後醍醐天皇の冥福をいのって洛西に天竜寺を造営し、夢窓疎石を開山にした。鎌倉幕府が派遣した建長寺船の先例にならって、このとき天竜寺造営のために元への貿易船が派遣された。これが天竜寺船である」と説明している。

これらの記述から、尊氏が後醍醐天皇の冥福を祈って天竜寺を創建したことがわかる。しかし、尊氏は後醍醐天皇に叛旗を翻し、建武政府を瓦解させた張本人である。また、いったん尊氏に降伏した後醍醐は、京都から密かに脱出して吉野で新政権(南朝)を立ち上

昔は足利尊氏像と習った「騎馬武者像」（京都国立博物館所蔵）

げ、死ぬまで尊氏政権（室町幕府）に抵抗し続けた。そういった意味では、尊氏にとって後醍醐天皇は、いわば憎き敵なのである。

そんな敵の死を喜ぶどころか、冥福を祈ってお寺を建ててあげるなんて、「なんて尊氏は立派な人間なのだろう」そう思うのは、大まちがいだ。

尊氏が天竜寺を創建した理由、それは、後醍醐天皇の怨霊を鎮めるためであった。

『太平記』によれば、後醍醐天皇は死に際して「玉骨はたとえ南山（吉野山）の苔《こけ》に埋るとも、魂魄《こんぱく》は常に北闕《ほつけつ》（京都）の天を望まん」という京都奪回への執念の言葉を吐いたと伝えられる。そして後醍醐が崩御すると、さまざまな天変地異や災いが起こり始めた。

そこで尊氏は、尊崇する臨済宗の高僧・夢窓疎石に相談した。すると疎石は、雷神となった菅原道真に位を贈ってその霊を鎮めた例を挙げるなどして、後醍醐天皇の鎮魂のため、一寺を建立することをアドバイスしたのである。

足利尊氏というと、武士政権を創建したことから、意志強固なリーダーというイメージがある。だが、どちらかというと優柔不断な性格であった。しかも後醍醐天皇や皇室というものをたいへん敬愛していた。

しかし、尊氏は源氏の正統を継ぐ者であり、その大器から武士たちには絶大な人気を誇っていた。もちろん、そんな武士が期待していたのは、後醍醐天皇の建武政府を倒し、再び鎌倉幕府のような武士政権をつくることだった。

そうしたことは重々承知していながら、尊氏は後醍醐天皇に対して逆らうことを心底ためらっていた。そんな尊氏を叱咤し、すかしつつ挙兵させて建武政府を倒し、武士政権（室町幕府）を創建したのは、じつは弟の直義の功績であった。

ともあれ、尊氏は後醍醐を裏切ったことに、生涯強い後悔の念を持ち続けた。たとえば、九州から大軍で京都に侵攻して後醍醐を比叡山に追いやり、光明天皇を擁立した直後、尊氏は清水寺に願文を納めているが、その内容は驚くべきものだった。

「この世は夢のごとくに候。尊氏に道心賜《たま》わせ給候て、後生《ごしょう》たすけさせおわしましく候べく候。猶々《なおなお》遁世《とんせ》したく候…今生《こんじょう》の果報にかえて、後生を助けさせ給べく候」

つまり、「この世は夢のようなものです。どうか私に仏教でいうところの私欲に覆われない心をお与えくださり、極楽往生できるようにしてください。俗世間との関係を断って引退したいのです」と言っているのである。

いままさに天下がその手中に入るというときに、信じられない本心を隠していたのだ。

さらに尊氏は、この願文のなかで、「この世における果報はみんな直義に与えてほしい。どうか弟が安穏でありますように」と祈念している。まことに私利私欲のない、優しい大将といえよう。

いずれにせよ、こうした性格だったからこそ、後醍醐天皇に逆らったことを後悔し続け、彼の死後はその怨霊におののき、これを鎮めるため、壮麗な寺院（天竜寺）を創建することにしたわけである。だが、こうした事情は、現在の教科書を読むだけでは何もわからない。ただ今後は、日本史の教科書にもそのあたりの事情が掲載されるかもしれない。

南朝初代の後醍醐天皇に対し、北朝初代の天皇は誰？

朝廷が南と北に分かれて対立した時代が、いわゆる南北朝時代だ。南朝の初代は後醍醐天皇。それでは、北朝の初代は誰？

そう聞かれて、即答できる人はけっこう少ないのではないだろうか。

答えは光厳《こうごん》天皇である。

そう言われても、なかなか思い出せない人もいるはず。強烈な後醍醐と比べると非常に影が薄い。しかし、日本史教科書一一種類中、七冊に登場してくる、かなり重要な人物なのである。ただ、この光厳天皇が数奇な人生を歩んだことは全く知られていない。そこで今回は、この知られざる北朝の初代天皇にスポットをあてたい。

鎌倉時代中期に後嵯峨上皇が死去した後、天皇家では後深草上皇と亀山天皇の系統が対立して、代々、皇位や荘園の権利を争うようになった。後深草上皇の流れを持明院統、亀山天皇の流れを大覚寺統と呼ぶが、ついに文保元年（一三一七）、鎌倉幕府が介入して調停しなくてはならない事態となった。

皇室関係系図

数字は皇位継承順

```
後嵯峨(ごさが)
├── 宗尊親王(むねたか)──惟康親王(これやす)
├── 2 後深草(ごふかくさ)【持明院統】
│   ├── 久明親王(ひさあきら)──守邦親王(もりくに)
│   └── 5 伏見(ふしみ)
│       ├── 8 花園(はなぞの)──尊円入道親王(そんえんにゅうどう)
│       └── 6 後伏見(ごふしみ)──量仁親王(かずひと)(光厳(こうごん))【北朝】
│           └── 光明(こうみょう)
└── 3 亀山(かめやま)【大覚寺統】
    └── 後宇多(ごうだ)
        ├── 7 後二条(ごにじょう)──邦良親王(くによし/くになが)
        └── 9 後醍醐(ごだいご)【南朝】
            ├── 護良親王(もりよし/もりなが)
            ├── 宗良親王(むねよし/むねなが)
            ├── 恒良親王(つねよし/つねなが)
            ├── 成良親王(なりよし/なりなが)
            ├── 懐良親王(かねよし/かねなが)
            └── 10 義良親王(のりよし/のりなが)(後村上(ごむらかみ))
```

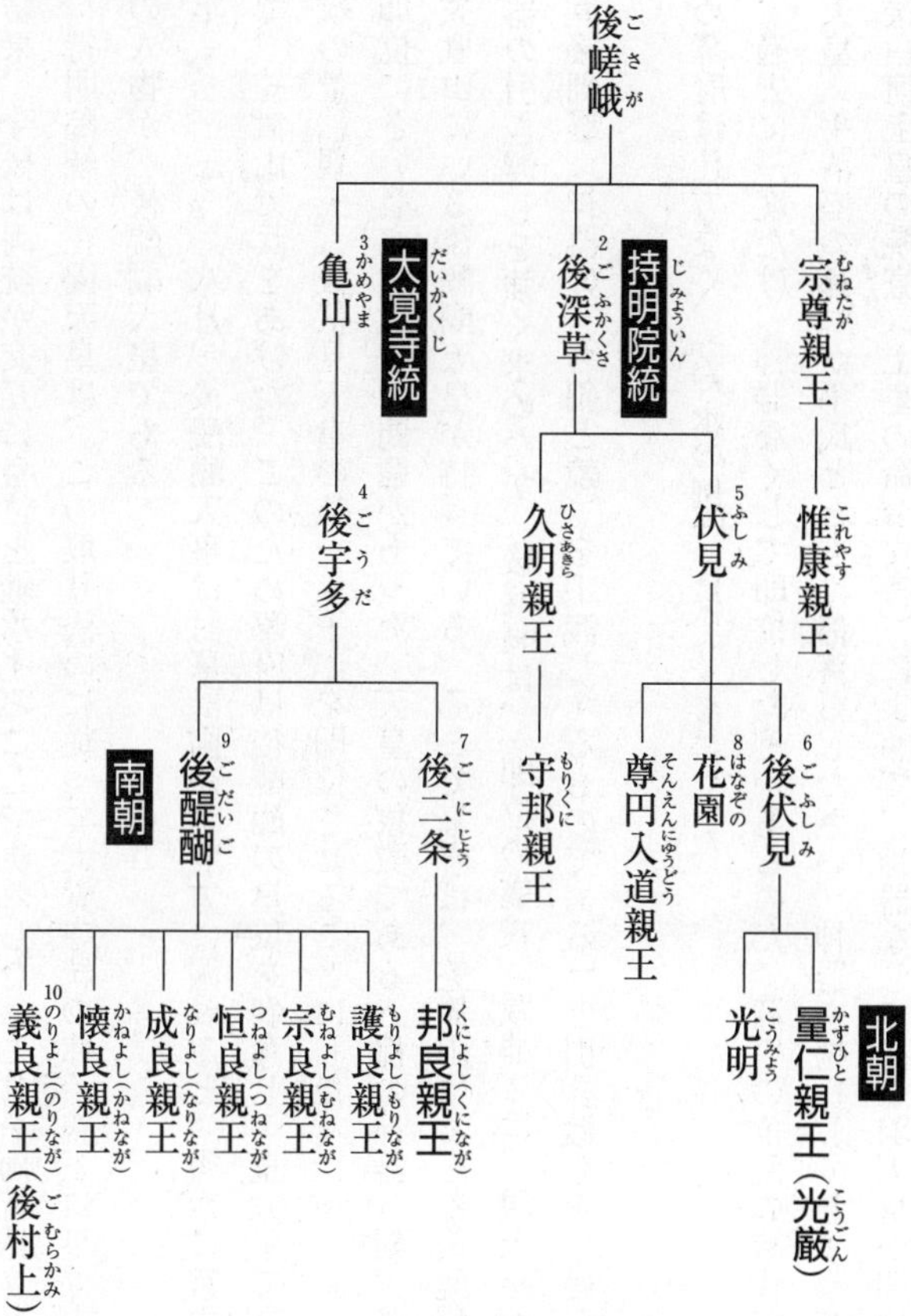

調停の結果、今後は両統が交互に皇位を継承することで決着した。これを両統迭立《てつりつ》という。翌年、持明院統の花園天皇は、この取り決めに従って大覚寺統の尊治《たかはる》親王に皇位を譲った。この人物が、後醍醐天皇である。

元弘元年（一三三一）八月、後醍醐天皇は討幕計画が幕府方に漏れると、密かに宮中から脱出して、笠置山《かさぎやま》で兵をあげた。このため幕府は後醍醐の皇位を剝奪し、皇太子であった持明院統の量仁《かずひと》親王（後伏見天皇の第一皇子）を即位させることにした。

だが、即位にさいして、大きな問題があった。天皇の象徴である三種の神器（剣、鏡、玉）は、笠置山にいる後醍醐天皇が持っている。そこで幕府は、笠置山にこもる後醍醐に対し、神器の引き渡しを強く求めたが、後醍醐は、「即位の儀式（践祚《せんそ》）は、現天皇が次の天皇に直接剣璽《けんじ》（神器のうち剣と鏡）を手渡しするものである」と引き渡しを拒絶したのである。

このため幕府は仕方なく、「寿永の例」に倣《なら》うことにした。

じつは、過去に一度だけ、神器なくして即位した例があるのだ。源平の争乱の時代である。安徳天皇（平清盛の孫）が平氏とともに都落ちしたさい、神器を携行してしまっていたので、後白河上皇の院宣《いんぜん》（上皇の命令文書）によって、神器なしで後鳥羽天皇が即位したケースがあった。

これを前例として、鎌倉幕府は量仁親王を皇位に就けたのである。これが北朝の初代となる光厳天皇である。

その後、笠置山の後醍醐は捕縛されて隠岐に流されたが、このおり、神器は奪回され光厳の手に渡っている。

ところが、元弘三年になると、各地で後醍醐天皇に味方する反乱が相次ぎ、叛旗を翻した幕府の重臣足利尊氏が六波羅探題《ろくはらたんだい》（幕府の出先機関）を滅ぼした。

このとき光厳天皇は、後伏見上皇、花園上皇らとともに東国へ逃れようとしたが、不運にも近江国で捕縛されてしまう。後醍醐天皇は詔を発して光厳天皇の位を廃し、京都へ戻って政治の実権を握った。もちろん、このとき神器も回収した。

しかし、事態は目まぐるしく変わる。やがて足利尊氏が後醍醐の建武政府に叛旗を翻し、九州から京都へ攻め上ってくる。このおり、朝敵になりたくなかった尊氏は、光厳上皇に頼み込んで院宣を賜わり、自分の正当性を確保したのである。

さらに尊氏は、建武政府を瓦解させた後、光厳上皇に対してその弟・豊仁《ゆたひと》親王の即位を依願した。これに応じて光厳は豊仁を践祚《せんそ》させ、自らは新帝・光明天皇のもと、院政を開始する。さらに皇位は光厳の皇子である崇光《すこう》が継承、光厳上皇の院政は一五年におよんだ。

いっぽうで尊氏に降伏した後醍醐天皇だが、まもなく密かに京都から脱出して吉野で政権を樹立、その皇統は南朝と呼ばれ、光厳の系統である北朝と並立するという状況になった。世にいう南北朝時代のはじまりである。

ただ、南朝と異なり、北朝は室町幕府の庇護によって存続しているというのが実態であったが、やがてその庇護が失われることになる。

室町幕府の足利尊氏と弟・直義が対立し、内乱状態になったのだ。尊氏はこの戦いを有利に進めるため、なんと、南朝に服属してしまったのである。

このため正平六年（一三五一）、南朝の後村上天皇は、北朝の崇光天皇を廃した。これにより、北朝は消滅したのである。これを「正平一統」と呼ぶ。

さらに翌年、幕府の力が弱まったと見た南朝は、京都に侵攻して足利義詮《よしあきら》（尊氏の子）を駆逐して同地を占拠したのである。

しかし、それからわずか一ヵ月後、今度は足利軍が大挙して京都に襲来、南朝方を追い払った。だがこのとき南朝方は、光厳上皇をはじめとして北朝の上皇・天皇らを拉致して連れ去り、光厳は大和の賀名生《あのう》に幽閉されてしまったのである。

政権を運営するうえでどうしても天皇が必要となった室町幕府は、光厳上皇の生母広義《こうぎ》門院（西園寺寧子《さいおんじねいし》）の命令というかたちをとって、光厳上皇の子・三宮を勝手に即位させ、後光厳天皇としたのである。

こうした身勝手なやり方と政治に翻弄される自分をかえりみて、光厳は次第に厭世観を強くするようになり、拉致されてまもなく出家してしまったのである。今までずっと権力者に利用されてきたが、これからは僧侶となって世を捨て、一己の人間として生をまっとうしようと考えたのかもしれない。光厳は法名を勝光智と号した。

その後、光厳は河内国金剛寺に移されたが、そこで孤峯覚明《こほうがくみょう》に師事して光智と改めた。延文二年（一三五七）、光厳は京都に戻ることができたが、深草の金剛院に入って世俗との付き合いを絶ち、春屋妙葩《しゅんおくみょうは》に師事して禅に励んだ。やがてわずかの供を連れ、奈良、高野山と巡歴の旅に出、途中、吉野に立ち寄って南朝の後村上天皇と対面したという。

かつての仇敵だが、このとき光厳は戦争の悲惨さを語ったといわれる。別れ際、後村上天皇は光厳に馬を寄贈しようとしたが、これを固辞して吉野を後にした。その後、光厳は来訪者の絶えない京都の居所を引き払い、丹波国山国の常照寺に居を移し、禅僧として修行に明け暮れる日々を送り、貞治三年（一三六四）に五十二歳で死去した。看取ったのは弟子一人だったといわれるが、ようやく晩年になって安住の地を見つけることができたのである。

親子の確執が日本の政治・外交を左右した話

親子は、仲がよいとは限らない。世の中に親殺し、子殺しが絶えたためしがないことでもそれはわかるだろう。もしかしたらみなさんのなかにも、お子さんと諍《いさか》いが絶えないという方もいらっしゃるかもしれない。

だが、もし日本の政権を握っている親子が険悪な関係だったら、いったいどうなってしまうのか。その影響は計り知れないだろう。

じつは、室町時代、実際にそうした珍しい事例があるので、紹介していこう。

極めて仲が悪かったのは、室町幕府の三代将軍足利義満とその長男で四代将軍義持である。

義満といえば、南北朝を合一し、京都に花の御所という壮麗な邸宅を構えて政治をとった将軍だ。日明貿易を開始し、金閣を建てたことでも有名だろう。まさに室町幕府の黄金期の将軍といえる。

絶大な権力を握った義満は、朝廷での高位高官を望んだ。義満は小さい頃、前関白二条良基の教えをうけており、貴族社会に強い憧れがあったようで、永徳元年（一三八一）には内大臣、永徳三年には准三后《じゅんさんごう》（皇后・皇太后・太皇太后に次ぐ地位）宣下を受けている。また、自分の花押も公家風に変え、諸儀式も摂関家を真似たものにしている。そして応永元年（一三九四）、将軍職を嫡男義持に譲り、朝廷の最高職である太政大臣に就いたのである。

翌年、義満は太政大臣を辞して出家するが、それからも幕府の実権を握り続けた。まるで朝廷の院政のようであり、おそらく本人もそれを意識していたものと思われる。

というのは、応永四年に義満が京都北山に造営した山荘が、仙洞御所《せんとう》（上皇の居所）を模しているからだ。応永十五年には後小松天皇を北山第《きたやまだい》に招くが、このとき義満は天皇専用の衣をまとい、息子の義嗣《よしつぐ》を関白の上座においた。さらに義嗣の元服の儀式を親王（天皇の子）と同じように宮中で行い、彼を後小松天皇の猶子《ゆうし》にしたのである。そんなことから、義満は義嗣を天皇にして、朝廷と幕府を合一した強大な政権をつくろうとしたのだともいわれる。だが、その夢はかなわなかった。義嗣が元服してから二ヵ月後、義満は急死してしまったからだ。

朝廷は、死去した義満に対し太上天皇（上皇）の称号を贈ろうとしたが、将軍義持はこれを断った。それだけではなく、父親が開始した日明貿易を「将軍が臣下の礼をとって行う形式は屈辱である」として中止したのである。

さらに「花の御所」も捨てて三条坊門に新たな将軍御所を造ってそこへ移り、晩年義満が住んだ北山第も、金閣などいくつかの建物を残してことごとく壊したのだ。父の寵愛した能役者の世阿弥《ぜあみ》も冷遇した。

なぜそんなに父親を嫌うのか。

それは、義満が義持に冷たくしたからだ。

義持は、至徳三年（一三八六）に義満の嫡男として生まれ、九歳で将軍となった。だが、政治の実権は義満が握っており、しかも義満は、義嗣（義持の異母弟）を偏愛するようになる。先述したように、義満が後小松天皇を北山第に招いたとき、義嗣は義満の傍らにあったが、将軍義持は都の警備を申し渡されるという扱いを受けた。

なぜこれほどあからさまに差別したのかよくわからないが、誰だって、こんな扱いを受けたら怨みたくもなるだろう。

いずれにせよ、この親子の諍いが、天下の政治に大きな影響を及ぼしたのである。

なお義持は、応永二十六年に関東で上杉禅秀の乱が起こると、義嗣がこれに呼応しようとしたという罪で彼を捕らえ、相国寺の林光院に閉じこめ、なんと最後はこの異母弟を焼き殺したのである。なんとも近親間の憎悪というのは、血のつながりがあるだけに、すさまじいものだと改めて思う。

日本史の教科書には、義持が日明貿易を中断したり、朝廷の故・義満に対する「太上天皇」の尊号を固辞したことは明記されているが、親子の確執には一言も触れていない。だが、それが語られなければ、この政策の真の意図は理解できないし、歴史が無味乾燥になってしまう。もう少し、人間の情念のドロドロした部分をしっかり記した教科書の登場に期待したい。

銀閣には、なぜ銀箔《ぎんぱく》が貼られていないのか

銀閣寺といえば、北山文化の金閣寺と並んで東山文化の代表的な建築である。だが、銀閣寺というのはあくまで通称であって、正確な寺名は東山慈照寺という。

慈照寺の中にある銀閣（二階建ての楼閣）があまりに素晴らしいので、金閣同様、こちらの呼び名のほうが有名になってしまったのだろう。

いま慈照寺がある場所には、かつて天台宗の浄土寺と称する寺院が存在していた。けれども応仁の乱で焼失してしまい、その跡地に八代将軍足利義政が山荘（別荘）を建てたのが、慈照寺のはじまりである。

義政は、祖父の義満（三代将軍）が建てた北山山荘（鹿苑寺金閣）のような別邸を建てるというのが、長年の夢であった。もともと彼は能や連歌、茶、庭づくりなどを趣味とし、政治に関心を持たず文化的生活に明け暮れている将軍であった。そうしたことが、応仁の乱を招いた一因だといわれる。

ただ、乱の直接的な引き金を引いたのは、義政の正妻日野富子である。彼女が我が子義《よし》

尚《ひさ》を強引に将軍にしようと、義政の弟で後嗣となった義視《よしみ》を廃そうと企んだからだ。

十一年におよぶ応仁の大乱で、京都の市街地はほとんど焼け野原となってしまった。

だが、この間、義政は乱を収拾する努力をせず、政治は正妻の日野富子らに任せきりにして、毎日のように連歌会や酒宴を開いて世を謳歌していたと伝えられる。戦後は富子との関係が冷え切り、彼女との同居を嫌い、東山山荘を造り始めた。

義政はまだ山荘が完成する前にこの地に移り、庭園づくりは自ら指揮したほどであった。ただ、応仁の乱のために当時の幕府に蓄えはなく、山城国や大和国の農民や河原者らを強引に動員し、庭の石や植木は他の寺院から無理やり集めて山荘を造ったといわれる。

義政は、西指庵、東求堂、会所など次々と建物を造り、延徳元年（一四八九）三月、観音殿の上棟式を行った。ところが、それからまもなく病に罹り、数ヵ月後の翌年正月、この山荘で五十六歳の生涯を閉じてしまった。ちなみに、その観音殿が後の銀閣である。つまり、義政はきちんと銀閣が完成した姿を目にできたかどうか怪しいのだ。

さて、銀閣だが、上層は花頭窓が配置された禅宗様建築で造られているが、下層は書院造り風になっている。書院造りというのは、畳敷き、襖や明障子、違い棚や付書院の部屋である。つまり、どこの家庭にもあるような和室だが、これは当時としては最先端の部屋なのであり、この慈照寺から日本の伝統である和室様式が広まったといえるのである。そういった意味でも、政治的には無能な義政だが、その文化的功績は大きい。

ところで、金閣が金箔を全面に張り付けてあるのに対して、銀閣には銀箔が貼られていないのはなぜだろうか。

単に北山に造られた金閣に対峙するから、東山の山荘のほうを銀閣と呼ぶようになり、はじめから銀箔など貼る予定はなかったという説がある。また、当初は貼る予定だったが、予算がないので銀箔を貼らなかったという説もある。さらに、銀箔を貼ったものの、長い間に剝がれてしまったのだという説も存在する。

ちなみに三番目の学説については、銀閣の修理における調査によって、はっきり否定された。

京都府は、二〇〇九年十一月より屋根の葺き替えと老朽化にともなう修復を進めるにあたり、事前調査を行った。このおり、外壁のサンプル調査によって銀は検出されなかった。つまり、当初から銀箔は貼られていなかったのである。

なお、創建当初の銀閣の外壁は、黒漆が塗られていた。これが経年変化によって現在、ほとんど漆は剝がれて板がむきだしになり、クギが露出する状態になっている。そこで京都府は、創建当時のように黒い漆を塗ることを計画したが、これに慈照寺側が強い難色を示した。「東山文化を代表する枯淡の美が失われる」というのである。確かに、銀閣の外壁は美しい木目を見せており、これが真っ黒になってしまうと、私たちの銀閣のイメージは根底から崩れ去るだろう。結局、部分補修にとどめて現状を維持することで決着がついたようだ。

さて、二〇〇八年一月、慈照寺の境内の発掘調査によって、銀閣から九〇メートル離れた北の山すそに造営当時の土塁と石垣遺構が発見された。土塁の幅は二・五〜三メートル、高さは〇・八〜一メートルあり、石垣のほうは高さ一・二メートルあった。これは、銀閣を土石流から守るための措置だったらしい。実際、石垣が土石流を食い止めた跡があった。当時の人たちも建物を守る工夫を施していたことがよくわかる遺構だ。

第四章 新たな調査研究が教科書を書き換える

知られざる織田信長の居城・岐阜城の謎

日本史の偉人のなかで最も人気の高い織田信長、そんな彼の居城といったら、やはり安土城が最初に思い浮かぶはず。

県名にまでなっているのに、なぜか安土城の前に拠点としていた岐阜城を連想する人は少ない。

じっさい、『日本史B』一一種類の教科書すべてに安土城は登場するが、岐阜城が明記されているのはわずか六種類に過ぎない。そういった意味では、安土城に隠れて目立たない存在だといえる。

しかし、彼が「天下布武」という印を用いて、天下取りの野望を明らかにしたのは、この岐阜城を奪取した年なのである。また、それから一〇年近く、信長はここを居城として天下平定事業を進めてきたのであり、有名な楽市令も初めて岐阜城下の加納に発布している。

そういった意味では、安土城に勝るとも劣らない信長の城といえるのだ。

ライトアップされた金華山山頂の岐阜城

岐阜県の岐阜公園での織田信長居館跡の発掘調査で見つかった石垣（上下とも写真提供：毎日新聞社）

ところで、岐阜城は、信長以前は「岐阜」とは呼ばれていなかった。金華山山頂のこの城は井口城、金華山城、稲葉山城などといわれていたらしい。

ここに初めて城を造ったのは、鎌倉幕府の重臣・二階堂山城守行政だといわれる。ただ、戦国時代には、美濃国を土岐《とき》氏から奪った斎藤道三《さいとうどうさん》が本格的な改修を行い、居城としていた。だが、そんな道三も息子の義龍《よしたつ》に殺され、井口城は義龍の子・龍興《たつおき》のときに織田信長の総攻撃をうけて陥落した。信長の離間工作により、龍興の重臣・氏家卜全《うじいえぼくぜん》らが内応したことが直接の落城要因だったとされる。

この城を攻略した信長は、それまでの名称をやめて「岐阜」と名づけ、以後、岐阜城を拠点にすることにした。永禄十年（一五六七）のことである。

ちなみに、信長に改名を献策したのは臨済宗妙心寺派の僧沢彦《たくげん》であった。沢彦は、中国の周の文王が「岐山」で挙兵して天下をとったこと、儒教の祖・孔子が「曲阜《きょくふ》」で生まれたことを示し、これらをあわせて「岐阜」にしたらどうかと勧めたといわれている。

信長は金華山の山頂に天守閣を建て、その麓に壮麗な居館を造った。

イエズス会の宣教師ルイス・フロイスは、じっさいに信長の居館を訪れ、その威容を記録に残しているが、それによれば、居館は四階建ての立派な宮殿で、巨大な石垣に取り囲まれていたという。一階の廊下の前には見事な池泉回遊式庭園があり、一階は全部で部屋が二〇もあり、すべて絵画や金箔の屏風で飾られていたとする。二階は女性の部屋があり、三、四階の廻廊からは遥か彼方まで一望できたとある。

現在、このあたり一帯は岐阜公園となっており、昭和五十九年から発掘調査が進められ、庭園跡と思われる水路状の遺構や居館へ通ずる道に並べた巨石などが出土している。

さらに、二〇〇八年十月、居館の茶室跡だと思われる遺構が発見された。

信長の居館は、山の斜面を利用した三段構造になっていることが判明しているが、今回見つかったのは、その最上段の谷間にある広さ約一〇メートル四方の石垣・溝遺構である。溝は山から出てくる水を排出するためにつくられたと想定され、石垣の中に茶室のような建物があったと考えられる。

そうしたこともあり、政府は二〇〇九年、岐阜市では岐阜城跡（金華山から岐阜公園一帯）を国の史跡にしてもらうため、申請することにしたという。さらに発掘事業を加速させるため、五二〇〇万円の予算を組み、今後は居館の復元も検討していくそうだ。

歴史を観光資源にすることはとてもよいことだと思うし、ぜひ積極的にこれを推進し、戦国ファンの集える場所にしてもらいたい。

関ヶ原の戦いで西軍となって改易された大名のその後

慶長五年（一六〇〇）に行われた関ヶ原の戦いは、高校日本史の教科書すべてに登場する最重要事項である。天下分け目といわれたこの合戦によって、徳川家康の覇権が確立し、三年後に江戸幕府を開設する直接的契機となったからである。

ところで、いまの教科書では、敗北した西軍の処置についても詳しく言及している。

たとえば山川出版の『詳説日本史B』には、「石田三成・小西行長らは京都で処刑され、西軍諸大名九三家・五〇六万石が改易（領地没収）され、毛利輝元は一二〇万石を三七万石に、上杉景勝は一二〇万石を三〇万石に減封（領地削減）された」とある。

ただ、ここに記された改易大名九三家がその後どうなったかに関しては、一切触れられていない。そこで調べてみると、なんと、すべての領土を失いながら、己の才覚によって完全に自領を取り戻した大名が存在したのである。

その人物というのは、立花宗茂《たちばなむねしげ》だ。

宗茂は、筑後柳川一〇万石を領していたが、西軍についたため関ヶ原合戦後は浪人とな

関ヶ原の戦いで西軍で戦いながら完全復活した立花宗茂
（御花史料館所蔵）

ってしまう。その器量を惜しんだ加藤清正から臣従するよう勧められたが、宗茂はこれを固辞し、清正に主な家臣を預けて自らは江戸へ出た。そして慶長八年、かつて敵対した徳川家に就職したのである。

まずは五〇〇〇石で御書院番頭に召し出された宗茂は将軍秀忠に実直に仕え、すぐに陸奥棚倉《たなくら》に一万石を賜り、大名に復活した。

同十五年にはさらに一万石を加増され、秀忠のブレーンとして活躍するようになり、大坂の陣でも秀忠のもとで毛利勝永と激しい戦いを演じた。こうした功績により、元和六年（一六二〇）、旧領の筑後柳川一〇万九六〇〇石を与えられ、見事完全復帰を果たしたのである。驚くべきことに宗茂は、七十歳を過ぎた老身ながら将軍家光の命を受けて島原の乱にも参戦、往年の勇姿を見せて諸大名を感歎させたと伝えられる。そして寛永十九年（一六四二）、宗茂は江戸で七十六年の生涯を閉じた。

旧領ではないが、もとの石高をほぼ取り戻した男がもう一人いる。丹羽長重である。

長重は、織田信長の重臣・丹羽長秀の子で、加賀国能美・石川両郡一二万五〇〇〇石を領していたが、西軍に味方して隣国の前田利家（東軍）と戦ったため、所領を没収された。しかし慶長八年に宗茂同様、常陸国古渡に一万石を給せられて大名に復帰したのである。

その後、大坂の陣に参戦して武功を挙げたため、元和五年（一六一九）に一万石を加増され、さらに元和八年にも、三万石を加増され、陸奥棚倉五万石の大名に昇進したのである。築城術にひいでていたといわれ、秀忠と家光の御伽衆筆頭となるなど、徳川将軍家の絶大な信頼を得た。寛永四年、陸奥白河など四郡のうち一〇万七〇〇石を与えられ、白河城を築き、寛永十四年に六十七歳で死去した。

このほかにもまだ復活大名は存在する。

岩城貞隆は佐竹義重の三男で一二万石を領していたが、関ヶ原の戦いで兄の佐竹義宣《よしのぶ》とともに中立を保ったために改易された。貞隆は幕府の実力者土井利勝を通じて家康に御家再興を嘆願し、幕臣に取り立てられた。さらに、大坂夏の陣において本多正信のもとで戦功を挙げたので、元和二年に信濃国中村に一万石を与えられ、大名に返り咲いた。

さらに上田重安や滝川雄利、来島長親なども、同じように改易されたものの、その後の努力によって大名に返り咲いている。

すべてを失ってもあきらめず、見事に敗者復活をした大名たちがいたことを、ぜひともお父さんたちは自分の子どもたちに伝えていただきたいと思う。

なんと、伊達政宗の墓が発掘され、驚くべき事実が判明

みなさんは、「歴女《れきじょ》」という人びとをご存知だろうか。

「歴史好きの女性」たちの通称なのだという。とにかくいま、若い女性たちの間で歴女が爆発的に増えているそうだ。とくに彼女たちの大半が、戦国武将に憧れを抱いている。そうしたブームの火付け役は、「戦国無双」や「戦国ＢＡＳＡＲＡ」といったゲームであった。そこに登場する戦国武将が信じられないくらいのイケメンなのである。なかでも人気が高いのが、長宗我部《ちょうそかべ》元親《もとちか》や真田《さなだ》幸村《ゆきむら》、そして伊達《だて》政宗《まさむね》だという。

商魂たくましい武将の地元の人びとは、この現象を当て込んで、ゲーム会社とコラボするなどして、さまざまな商品を売り出している。

たとえば宮城県では「戦国ＢＡＳＡＲＡ」の伊達政宗キャラクターをパッケージに用いた米、笹かま、地ビールなどを発売し、ものすごい売上げを伸ばしているのだ。戦国武将やお城をめぐるツアーも「歴女」たちに好評で、ＪＴＢ首都圏新宿西口支店が発売した仙台城跡をはじめ政宗ゆかりの地めぐる一泊二日の「戦国ＢＡＳＡＲＡ　伊達軍ツアー」

1935年、当時のイタリア・ムッソリーニ首相に贈られた
政宗の人形も独眼ではなかった（写真提供：毎日新聞社）

は、たった二日間で定員が埋まってしまったという。

私も数冊戦国本を著しているが、なかなか好調である。ただ、いまのところ歴女たちにもてる気配は全くない。

そこで今回は、歴女に人気の伊達政宗について紹介したいと思う。

伊達政宗というと、『独眼竜』と呼ばれ、右目が不自由だったことが有名だろう。しかし、いくつも残る正宗の肖像画や木像のほとんどは、きちんと両目が描かれている。いったいどうしてなのか。

それは、政宗がそうしてほしいと次のように遺言しているからだ。

政宗は「我身ノ事、死後ニ定メテ木像ナドニ顕《あらわ》シ、忌日《きじつ》ニハ香華《こうか》ヲ供ウベシ。必ズシモ無用ト云ヒ難シ。左モアラバ両眼ヲ供ヘテ置クベシ。片目生マレツキニテハナシ。年長ケテ後、疱瘡《ほうそう》ノ時、目ニ悪瘡入リテ此《かく》ノ如《ごと》シ。親ノ授《さず》ケタル形ノ欠クル事ハ第一不孝ナリ。若シムザト顕ハサンニオイテハ必ズ無用ナリ」（『貞山公治家記録』）と述べている。

つまり、片目が不自由なのは生まれつきではなく、疱瘡に罹《かか》ったとき、右目に膿毒が入って失明したので、親のせいではない。親の授けてくれた身体に欠けたところがあるように描くのは、親不孝になる。だから自分を描いたり、木像をつくったりするときには、両目を描いてほしいと述べているのである。

だが、こうしたことを遺言した背景には、政宗と母との悲しい確執があった。

先述のとおり、政宗は幼い頃の疱瘡がきっかけで右目を失明したが、どうやら眼球が飛び出して、醜い容貌になってしまったようだ。ゆえに引っ込み思案の暗い性格になったらしく、このため母の義姫は政宗を毛嫌いし、弟の小次郎を溺愛するようになった。

さらに後年、彼女は政宗の毒殺を企んだとされ、政宗が小次郎を殺害して御家騒動を防いだ後は、義姫は兄の最上義光《もがみよしみつ》のところへ出奔してしまっている。晩年はそんな義姫を呼び寄せてその面倒を見ているが、政宗にとって母に愛されなかったのは、自分が失明したせいだと信じ、その容貌に強いコンプレックスを持っていたようだ。だからこそ、あのような遺言をしたのだと思う。悲しい話である。

ところで、昭和四十九年、そんな政宗の墓所の発掘調査が行われたことをご存知だろうか。

伊東信雄東北大学名誉教授を団長とする調査団が政宗の墓所瑞鳳殿の発掘を行ったのである。墓所からは副葬品として、ヨーロッパ製と思われる金のブローチや日時計兼磁石のほか、面白いものとして鉛筆が発見された。戦国時代に鉛筆があったとは驚きだが、「木の軸の先端に、石墨と思われる黒色の芯をはめ込ん」であり、「今のものと違って軸の全長にわたって芯が通っているものではない」かつ「鉛筆の先端には木製のキャップがかぶせてあった」(『骨が語る日本史』鈴木尚著　学生社)という。じつは鉛筆が歴史に登場するのは戦国時代のことで、この頃イギリスの商店などで販売されるようになったばかりだった。つまり、伊達政宗は流行の最先端をいっていたわけだ。

なお、政宗の遺体は、木棺のなかにあぐらをかいた状態で安置され、棺のなかには石灰が詰められていた。骨を調査した結果、身長は一五九・四センチと判明、これは当時の人間としては大きいほうだといえる。頭蓋骨も当時の平均より大きく、鼻が極めて高いことが判明した。

眼窩などには全く異常が認められないことから、やはり失明は後天性の可能性が高いこともわかった。また、上腕骨の三角筋などの発達がよく、腓骨も巨大で筋附着部が溝状になるなど、たいへんたくましい体つきをしていたことも推定できたのである。

ちなみに、『伊達政宗歴史館』(宮城県宮城郡松島町)では、骨格から復元した伊達政宗の人形を見たり、声を聞いたりすることができる。興味がある方は一度拝観するとよいだろう。

本当は名君だった綱吉!? 生類憐《しょうるいあわれ》み令の驚きの真実

犬と人間のつながりは、たいへん古い。すでに縄文時代から番犬や狩猟犬として飼われていた痕跡が遺跡から見つかり、丁寧に遺骸を埋葬したり、人間といっしょに葬られたケースも発見されている。縄文犬は、柴犬を小さくしたような体形をしている。弥生時代の銅鐸にも狩りをする犬の絵があり、古墳時代の埴輪にも犬型のものが出土するから、その後もずっと日本人との付き合いは続いていたことがわかる。

大和政権は、犬養部《いぬかいべ》という部《べ》の民《たみ》をおいて、彼らに宮廷の門を守る番犬を飼育させていた。奈良時代にはチンなどの種類が大陸から入って貴族たちに愛玩されるようになった。

鎌倉時代には、猟犬として用いるとともに、「犬合せ」が盛んに行われた。これは今言う闘犬に似ているが、戦う数が違う。一対一ではなく、集団戦である。犬の群れを放ち、一斉に戦わせるのである。とくに鎌倉幕府の執権北条高時がこの遊びを好み、家臣たちから四、五〇〇〇匹の犬を献上させ、一月に一二回も犬合せを行い、時には二〇〇匹を戦わせたというから、尋常ではない凝りようといえる。

同時期に犬追物が武士の騎射訓練の一つとされた。一五〇頭の白い犬を馬場の中に放ち、これを一二騎ずつ三チームに分け、射殺した数を競いあうのである。胴体に矢を当てるのがルールで、顔や四肢に突き立てた者は失格とされた。

戦国時代になると、大型のヨーロッパ犬がポルトガル人やスペイン人によってもたらされ、戦国武将の間でこれを飼うのが流行した。

江戸時代には、支配階級のみならず庶民も犬を飼うようになる。個人の家だけでなく近隣や長屋が共同で飼育する例もあった。また、自分の子どものようにかわいがった人びともいたようで、犬の墓石が東京都港区で発見されている。

ただ、そうした一方で、犬を食べる風習も江戸時代までは一般的に存在していた。犬食は韓国が有名だが、日本でも弥生時代のゴミ捨て場から解体された痕跡のある犬の骨やバラバラになった犬骨があることから、古い歴史を持つ食習慣であることが判明している。

この風習が止んだのは、元禄時代に将軍徳川綱吉が出した生類憐みの令以後である。

この法令は単発ではなく、二四年間に一三五回発令された動物保護条例の総称だ。法令では、犬をはじめ生き物すべての殺生を禁じ、小鳥や金魚などを飼うことも許可せず、釣りをするのも禁止した。この法を犯せば厳罰に処せられたため、人々は綱吉を犬公方《いぬくぼう》と密かに呼んで憎んだという。

ともあれ、これによって犬を食うという風習は我が国から消えたのである。

しかしながら近年、この法令に対する評価が変わってきている。日本史の教科書でも「庶民は迷惑をこうむったが、野犬が横行する殺伐とした状態は消えた」（『詳説日本史B』山川出版）とプラス面も明記しているのだ。

綱吉がこの法令を出したのは、跡継ぎが生まれないと僧の隆光に相談したところ、「前世での殺生した報いです。あなたは戌年生まれですから犬を大事にすれば男の子が産まれる」と断言したからだと言われてきた。だが最近の研究では、隆光を知る前から綱吉がこの法を発令していることが判明しているのだ。

また、多数の人が処罰されたというが、山室恭子氏の調査では、二四年間に六九件しか処罰されていないそうだ。さらに、法令は主として江戸市中だけしか適用されなかったらしいのだ。

綱吉は、捨て子の禁止や囚人の待遇改善、行き倒れ人の保護などを命じ、儒教の仁愛思想を社会に普及しようと努めており、生類憐みの令もそうした政策の一環だと認識され、学者の間では近代社会福祉法の先駆と評価されるようになってきているのである。

発掘調査によって判明した大奥女性の意外な風習とは？

「大奥」という言葉を知らない方はまずいないだろう。近年も映画やテレビドラマなどで大奥を舞台としたものが何本もつくられている。二〇〇八年のNHK大河ドラマ「篤姫」はみなさんも記憶に新しいだろう。

そんな大奥だが、意外にも、『高校日本史B』の教科書一一種類中、たった四冊にしか掲載されていないのである。つまり、日本史を選択する生徒の半分以上が大奥について学ばないで卒業してしまうことになる。

きっと、徳川将軍の子種を絶やさないためのハーレムであるということが、教科書に忌避される要因かもしれない。だからましてや小中学校の教科書には登場しない。

でも、この状態はまずいと思う。なぜなら大奥は、極めて大きな政治権力を持っていたからだ。寛政の改革を実施した松平定信や天保の改革を行った水野忠邦も、大奥の反感を買ったことが失脚の一因になったといわれているほどなのだ。

だから学校の先生はぜひとも、しっかり大奥について教えてもらいたい。

ところで、いま、大奥の女性たちの墓が発掘されている事実をご存知だろうか。

東京上野の谷中霊園の徳川家墓所が現在、寛永寺谷中徳川家近世墓所調査団によって発掘調査されている。これは、徳川恒孝氏（徳川宗家十八代当主）があちこちに点在する同家の墓を集約するための改葬に際し、調査がなされることになったのである。

墓所には、十二代将軍家慶の正室浄観院と十三代家定の正室澄心院をはじめ、側室など大奥の女性たちの二五基の墓が存在し、あわせて六九人が葬られている。

発掘の結果、人骨のほか、なんと一〇〇〇点にのぼる副葬品が出土した。口紅を塗る紅筆や扇、印籠、玩具、文房具のほか、入れ歯も出てきた。

とくに豪華だったのが、やはり浄観院と澄心院の墓である。二人の遺体の周りには化粧道具や扇子など百数十点の副葬品が安置されていた。木の棺には、水銀朱が大量に施されており、遺骨や副葬品は真っ赤になっていたという。

圧巻なのは棺を収めた石製の囲いの蓋《ふた》であろう。その大きさは縦横二・九メートルもあり、裏側には彼女たちの経歴が詳しく記されていた。つまり墓誌になっているのだが、この大きさは日本に現存するもののうち最大だという。徳川将軍家の権力の大きさがよくわかる。

ちなみに浄観院の遺体の周りから約八六〇枚という多数のシキミの葉が見つかった。この葉には強い香気があり、遺体の臭い消しとして用いられることが多いのだが、その葉を陰干ししたところ、なんと、文字が浮かび上がってきたのである。いずれも「南無阿弥陀仏」と書かれていた。字体が異なることから、大奥にいる女性たち一人一人がこの葉に念仏を書き込み、棺に投げ入れたものと推定されている。こうした風習が存在したということは当時の文献からは確認できず、新発見だといえる。

いっぽう、澄心院のほうは、伝承が史実であったことが確認された。彼女は非常に背が低いとされていたが、遺体を計測したところ一三〇センチ程度だった。これは当時としてもかなり小柄だ。なおかつ、眼鏡が棺から出てきたことで近視だったことも判明した。頭蓋骨からは顔が細く鼻は高く、目が大きいこともわかった。ただ、二十五歳という若さで亡くなってしまっている。その後に正妻となったのが篤姫である。

ちなみに浄観院は、有栖川宮織仁《おりひと》親王の子として享和三年（一八〇三）に生まれ、わずか十五歳のとき家慶と結婚して子どもを何人か産んだもののいずれも早世し、彼女自身も四十三歳で死去した。今後、調査団は人骨のＤＮＡ分析なども行う予定だといい、さらに興味深い大奥の新事実が出てくることだろう。

教科書に登場しないペットの日本史

犬の歴史を触れたのに、猫について言及しないのは不公平であろう。愛猫家に叱られてしまう。そこで簡単にその歴史を紹介しよう。

我が国で猫が貴族たちに飼われるようになったのは、八世紀のことだと伝えられる。遣唐使が中国から持ち帰ったのが最初だとされる。それ以前より野生のヤマネコは存在したものの、人間がこれを飼うことはなかった。その後も貴族が邸宅で愛玩したり、僧侶が供物や書画を鼠から守るために飼われる程度だった。そんなわけで、一般庶民とは縁遠い存在だったらしい。

ただ、『源氏物語』や『枕草子』にはペットの猫の話が登場するので、平安貴族たちのあいだでは一般的になっていたようだ。

ところで猫といえば、化けると言われてきた。

佐賀藩の「化け猫騒動」などは有名だろう。佐賀は龍造寺《りゅうぞうじ》氏が支配していたが、やがてその家臣の鍋島《なべしま》氏が実権を握り、佐賀藩主となってしまう。これに絶望した龍造寺高房が自殺し、彼が飼っていた愛猫がその無念を晴らすため化け猫となり、鍋島氏にさまざまな不幸をもたらすという話だ。結局、化け猫は鍋島氏の忠臣により退治されたとされる。

ところで猫が化けるといった不可思議な話は、古代から存在する。

八世紀に成立した『日本霊異記《りょういき》』には、死者が猫になって蘇《よみがえ》る話が載っているし、歌人としても有名な藤原定家が『名月記』に、古都奈良で「猫また」という化け猫が出没し多くの人を喰らったが、ついに捕まって殺されたという噂を書き留めている。

兼好法師も『徒然草』のなかで、深山に「猫また」という化け物がいて人を襲うという噂を耳にした僧侶が、深夜に帰宅した際、喜んで飛びついてきた飼い犬を猫まただと思い込んで、恐怖におののき、溝の中にころげ落ちたという話を載録している。

家猫は長い間飼っていると、やがて尾が二つに裂け、「猫また」という化け物になるという伝承が我が国には存在したようだ。

ただ、江戸時代になると、猫は一般庶民のペットとなり、犬同様、猫の墓石も存在する。

さて、そんな猫の日本史を根底から覆すような発見が二〇〇八年にあった。

これまで家猫の骨は、千葉地東遺跡（鎌倉市）の十三世紀のものが最も古かったが、二〇〇八年六月に弥生時代のカラカミ遺跡（壱岐市）から家猫の骨が出土したのである。壱岐島にヤマネコは棲息していない。かつ、発見された猫の骨が現在の家猫のそれと酷似していることから、そう断定したのである。なお、すね骨を年代測定したところ、約二一〇〇～二二〇〇年前の骨だと判明した。これによって我が国における飼い猫の歴史は一気に八〇〇年さかのぼったことになる。

ところで、我が国のペットは犬や猫ばかりではない。とくに江戸時代になってペットを誰もが飼う時代になると、さまざまな動物がペットになっていった。

ハツカネズミや鷺、コマドリなどのほか、金魚の飼育が大流行した。もともと金魚は中国の魚だが、室町時代の末に我が国に入ってきた。当初は高価で、元禄時代までは大名や豪商ぐらいしか手に入らなかったが、宝暦年間（一七五一～一七六四）あたりになると、庶民に売り歩く金魚売りが登場、縁日などでも売られるようになってくる。

虫も大人気だった。とくに美しく鳴く鈴虫や松虫は虫籠ごと販売された。武士が虫を飼育する内職が成立するほどだったから、よほど売れたのだろう。ちなみに虫は平安時代から愛玩され、貴族たちは嵯峨野あたりで虫を捕まえ、美しい籠に入れてその音を楽しんだ。虫を飼う話は『源氏物語』にも登場する。

ところで、象が飼いたいと駄々をこねたのが八代将軍徳川吉宗である。彼はオランダ商館長からプレゼントされた『ヨンストンス動物図鑑』を見て、外国の珍奇な動物に絶大な興味を持ってしまったのである。

このため幕府は、享保十三年（一七二八）に中国人を通じてベトナムから雄雌二頭を輸入した。なんとベトナム人の象使いも来日している。長崎港に上陸した象は、メスのほうが死んでしまうが、オスはそのまま陸路で江戸まで向かった。このおり庶民も象の通過を楽しみにし、各地で多くの象の本やポスター、フィギュアなどが発売された。

江戸に着いた象は浜御殿（現・浜離宮恩賜庭園）で飼育されることになったが、吉宗は何度か象を見学したものの、すぐに飽きてしまったようで、享保十五年には飼育係の中野村の源助という農民に象は払い下げられてしまった。

このほか吉宗は、中国の馬やペルシア馬なども輸入したという。

ちなみに私が知る限り、吉宗が象の輸入を絵入りで大きく掲載している教科書は、三省堂の『日本史B』だけである。こうした事実をどんどん載せたほうが教科書は面白くなると思うし、日本史に興味も持つ子どもたちも増えると思うのだが…。

なかなか教科書に載らない「色」のお話

まずはみなさん、勘違いしないでいただきたい。色といっても、男女の色事の話ではない。英語でいうところの、カラーについての歴史である。

日本人はその時代によって、さまざまな色を好み、用いてきた。そうした事実もとても重要な歴史の断片であるのだが、残念ながら色について触れてある日本史の教科書は皆無である。逆に、これを知っていれば、お子さんたちに自慢できるに違いない。そんなことで、日本人の色の歴史を簡潔に紹介していこう。

原始・古代、日本人が最も愛し、尊んだ色を一つ挙げよと言われたら、それは文句なく赤（朱）である。

太陽の赤、炎の赤、そして血の赤――まさに赤は、エネルギーや生命の色として最も強く原始・古代人に認識された。縄文時代の遺跡からも朱で彩色された縄文土器や朱塗りの櫛が出土し、弥生時代の土器や木製品にも朱塗りのものがいくつも発掘されている。邪馬台国の女王卑弥呼も赤が大好きだったようで、二三九年に魏に使いを送った際、皇帝にねだって鉛丹（朱）を下賜されている。

同時に卑弥呼のほうでも皇帝への贈り物として、赤と青で染めた絹織物をプレゼントしている。ちなみに二〇〇七年、邪馬台国の有力候補地である纏向遺跡から大量のベニバナの花粉が発見された。もしかしたら赤色はベニバナを用いたのかもしれない。

それにしても私たちを唖然とさせるのは、古墳の石室内における大量の赤である。棺の周りだけでなく部屋一面に水銀朱やベンガラ朱、ベニバナ朱がまき散らされ、塗りたくられているのである。まるで凄惨な殺人事件の現場みたいで、ちょっとゾッとする。

ここからわかるように、現代人の感覚には、棺桶や遺体安置室に赤を配色するというのはそぐわない。しかし古墳時代の人びとは、赤という強烈な色が魔除けになるとともに、死者再生の色だとする認識を有していたようだ。

さて、色といえば聖徳太子の制定した冠位十二階を思い浮かべる人も多いことだろう。この制度はご存知のとおり、豪族個人の功績や才能に応じ、朝廷の階級を与えたものだが、階級によって冠の色や飾りが異なる。

最高位の大徳は濃紫である。次いで、階級順に小徳が淡紫、大仁が濃青、小仁が淡青、大礼が濃赤、小礼が淡赤、大信が濃黄、小信が淡黄、大義と小義は共に白、大智が濃黒、小智が淡黒となる。

冠の色で偉さがすぐにわかってしまうのは、ちょっと恥ずかしい気もする。

ただ、近年の教科書では、聖徳太子はその死後に呼ばれた名であることから、「厩戸皇子（聖徳太子）」としているものが多い。さらに、その活躍ぶりは『日本書紀』によってかなり脚色されており、当時の推古朝において、どれほど政治力があったかも怪しいという。

そんなわけで教科書における扱いもかなり脇役的になっている。もちろん、冠位十二階の制も本当に太子が制定したのかどうか疑わしい。ただ、制度が推古朝に成立したのは間違いないようだ。

さて、この制度で最高の色は紫である。紫を尊ぶ思想は、以後の奈良・平安時代になっても続いていった。

ところで、今の社会では想像できないが、古代では階級によって身に着けることができる色を制限していたことをご存知だろうか。

朝廷ではたびたび衣服の色を制限する法律を出しており、身分が高ければ高いほど、使える色は広がった。一方、庶民に許されたのは特定の黄色と黒色ぐらいしかなかった。だが、いろんな色を身につけたいという願望の強い人びとが多く、必ずしもこの禁令は守られず、奈良時代末にはだんだんと使用制限は緩められたようだ。

一方、支配階級だが、平安貴族たちは柔らかで淡い色彩を好んだという。また、鎌倉時代の武士たちは緑系、青系、褐色系など硬直なイメージの色が流行ったとされる。

室町時代、とくに東山文化の頃になると「侘び、さび」といった禅思想が色彩にも及び、黒や灰色を基調とした衣服に、わずかに金や朱などをアクセントカラーとして配するやり方が流行った。

信長や秀吉が活躍した桃山時代になると、その色彩はにわかに煌《きら》びやかになる。とくに金色が爆発的に流行した。城の天守閣には金の鯱《しゃち》が配され、金箔を貼ったキャンバスに原色を使った鮮やかな絵を描く障壁画が城内を満たした。まさに金色がこの時代の代表色であった。

ところが江戸時代になると、それまでとは打って変わり、茶色と鼠色（灰色）が爆発的に流行る。その一因は江戸幕府のせいである。幕府は何度も奢侈禁止令を出し、派手な衣服も厳しく取締り、さらに紅や紫の衣装も禁止したのだ。このため庶民は、仕方なく茶色や鼠色系統の地味な色を身に着けるようになった。

ただ、江戸の人びとは、同じ茶色や鼠色でも、微妙な色相の違いを数多くつくり出して楽しんだ。そしてそれらに風月山水や歴史的人物、さらには人気歌舞伎役者の名をつけたのだ。かくして俗に「四十八茶百鼠」と呼ばれる多様な茶色と鼠色が誕生した。

鼠色をとっても、桜鼠、銀鼠、利休鼠、深川鼠、浪花鼠、黄鼠、源氏鼠、松葉鼠、鴨川鼠、牡丹鼠など数え切れないほどである。

以上、古代から近世までを駆け足で紹介したが、それぞれの時代において、色には流行り廃りがあったことを理解してもらえるだろう。

相撲、剣道、柔道など、日本が世界に誇る国技やスポーツ

日本史の教科書に決定的に欠落している項目として、武道とスポーツの歴史がある。とくに近世以後の日本人にとって、武道やスポーツがその精神に与えた影響は計り知れないほど大きいのだが、それらの成り立ちについては一行も記されていないのだ。

唯一の例外が、スポーツの祭典であるオリンピック（第十八回オリンピック大会）であろう。これに関しては、すべての教科書に登場する。

東京書籍の『日本史B』には「1964年（昭和39）に開催された東京オリンピックと同時に完成した東海道新幹線と名神高速道路は、日本の高度経済成長を世界に示す機会となった」と書かれている。

実教出版の『日本史B』には「文化・スポーツの国際交流もさかんになり、1964年（昭和39年）の東京オリンピック、1970年の日本万国博覧会などは国家的イベントとして開催された」とある。

ただ、この記述からわかるとおり、あくまで経済発展や国際交流の観点からスポーツを

見ているだけであることがわかる。

また、テレビやラジオにおけるスポーツ中継の人気に触れた教科書もあるが、それもマスメディアの発達を述べることが主眼になっていて、歌謡曲の流行などとともにスポーツ中継が登場するだけだ。

例外的に三省堂の『日本史B』に、プロレスの力道山やプロ野球の長嶋茂雄に言及しているが、これも戦後のテレビの普及で生まれたスターという語られ方をしている。

日本人の伝統として、「文武両道」という考え方がある。両方しっかり学ぶことが大事だとされてきた。それなのに、日本史の教科書についていえば、明らかに学芸や文学ばかりに記述が片寄り過ぎている。

中世における能、茶道、華道、近世における儒学、国学、洋学、歌舞伎、浄瑠璃、近現代における文学については、腐るほど人物や作品が登場するが、武道やスポーツについては皆無に等しい。これは、明らかな偏向だ。

よく歴史教科書の偏向を攻撃する人があるが、彼らは思想的偏向ばかりに目を向けていて、掲載事項の偏向について異を唱える者はいない。だが、よくよく中味を読むとわかると思うが、もっと国民に学んでもらいたい歴史があるのである。少なくても、私は痛切にそれを感じている。

そして、その一つが武道・スポーツの分野である。

せめて国技である相撲の歴史ぐらいは、数行程度は記すべきだろう。

そこで簡単に日本を代表する武道について述べておこう。

意外に知られていないが、相撲を国技にまで押し上げるきっかけをつくったのは、織田信長である。相撲は古代から存在する格闘技だが、信長が盛んにこれを奨励し、各地で大会を催した結果、やがて多くの大名が自分専属の力士を抱えるようになり、江戸時代にしっかりルールが定着したのである。

ちなみに、土俵というものを考案したのも信長だとする説がある。

天正六年（一五七八）三月二十九日、信長は安土城になんと三〇〇人もの力士を招いて相撲をとらせている。さらに八月にも力士をはじめ、安土城に一五〇〇人を招待して朝から夕方まで相撲を行った。このおり見事なワザを見せた一四人の力士に対して、「のし付きの太刀・脇差・御服かみ下、御領中百石宛、私宅」（『信長公記』桑田忠親校注　新人物往来社）を賜ったという。領地や屋敷を褒美として与えるなんて、ビックリである。

ちなみに日本が発祥で、相撲よりずっと人口が多く、我が国の伝統的武道は、剣道と柔道である。財団法人全日本剣道連盟のウエブサイト（http://www.kendo.or.jp/index.html）によると、剣道の競技人口総数を一六六万人と推定している。

さらに同サイトでは、剣道の発祥を次のように解説している。

直心影流の長沼四郎左衛門国郷は「正徳年間（1711～1715）に剣道具（防具）を開発し、竹刀で打突し合う『打込み稽古法』を確立した。これが今日の剣道の直接的な源（みなもと）である。その後、宝暦年間（1751～1764）に一刀流の中西忠蔵子武が鉄面をつけ、竹具足式の剣道具（防具）を用いて打込み稽古法を採用すると、またたく間に多くの流派に波及した。寛政年間（1789～1801）ころには、流派の壁を越えて他流試合も盛んになり、強い相手を求めて武者修行をする者も相次いだ」とし、「こうして江戸幕府後期には、『袋しない』よりも腰の強い『四つ割り竹刀』が発明され、胴もなめし革をはり漆で固めたものが開発された」と述べている。

続いては、柔道である。

この武道は、嘉納治五郎《かのうじごろう》が明治十五年（一八八二）に創始したものである。東京オリンピックで初めて正式競技となり、全日本柔道連盟への登録競技人口は約二〇万人だが、世界的な広がりを見せ、ヨーロッパ、とくにフランスでは登録競技人口だけで五〇万人を突破しており、世界的なスポーツとして認知されている。

　さて、一代で柔道を世界的競技へと押し上げた嘉納治五郎だが、その陰には偉大な治五郎の父親と母親の姿があった。

　治五郎の父親は、御影村（神戸市東灘区）の裕福な酒造屋・嘉納家の婿養子であった。もとは生源寺希芝と称し、日枝神社の神官の家に生まれ、文才画才、さらには洋学にも通じていたという。

　そんな彼がたまたま嘉納家に宿泊したさい、当主の次作（治五郎の祖父）が希芝の人柄にすっかり惚れ込み、「ぜひとも娘定子の夫になってくれ」と口説き落とし、婿にしてしまったのだと伝えられる。

　以後、希芝は次郎作と改め、定子との間には三男二女ができた。嘉納治五郎はその名からわかるとおり、五番目の末っ子だった。

　ところで次作には、良太郎という男児があった。すでに二十代半ばで、家督を継ぐのに支障はなかった。が、なんと次作は、臨終のさい一族を枕元に集め、養子である次郎作のほうを後継者にすると遺言したのである。いかに次作が次郎作のことを信頼していたかがわかるだろう。

昭和11年、自らの銅像の除幕式で挨拶をする嘉納治五郎

（写真提供：毎日新聞社）

次郎作は、次作の願いを受け入れ喪主をつとめたものの、四十九日の法要の席で、嘉納一族に向かい、当主就任を正式に辞退、良太郎に譲渡した。嫡男が継ぐのが筋だと思ったからだ。

くわえてもう一つ、国事に奔走したい気持ちが抑え切れなかったことがある。時は幕末、世相は沸騰していた。

次郎作は、どうしたわけか幕府の軍艦奉行並の勝海舟と親しく、嘉納家の当主を辞すや、大坂へ出て幕府のために海運業をはじめ、幕府の荷輸送を受けおい、定期航路を開いた。

ただ、上坂するにあたり、妻子は御影村に置き去りにした。

それゆえ、治五郎が「自分は父に捨てられたのだ」と恨んだとて、仕方のないことだった。しかし彼は、そんな感情を微塵も抱かなかった。

「母の教えを受け、父の国家に尽くす姿を見て、その訓えを肌に感じていたので、自分も総てを捧げて世のために尽くそうと決心したのであります」(『小説嘉納治五郎』戸川幸夫著。読売新聞社)

これは治五郎の、還暦祝賀会での言葉だという。

治五郎がこのように、父への尊敬の念を失わなかったのは、子どもをそのように躾《しつけ》た、母定子の偉大さだといえる。

戦後、日本の母親は、仕事で不在がちな父親をぞんざいに扱うようになり、それに従って子どもたちもだんだんと父親を尊敬しないようになってきたといわれる。私も身につまされる。そうしたなか、まことに定子は偉い！

なおかつ、治五郎は、

「こんな御影のようなところに、いつまでおっても偉い人間になる事は出来ない、ぜひ父親のいる東京へ行って修行したい」(『嘉納治五郎大系第十巻』より)

という大志を幼くして抱いたと回想している。

個人的な感想だが、少年の頃、どれだけ大きな夢や希望を持ったかで、人間の一生というのは決定するのではないか、多くの偉人たちの生涯を見ていて、私はそう実感している。もちろん、そうした大志を自ずから子どもたちが抱けるはずもなく、それを抱かせるのは親の力だと思う。治五郎の場合は、すでに父親と離れて暮らしていたから、やはり定子の教育が素晴らしかったのだと思う。

ちなみに、治五郎の願いは、不幸を伴って実現する。

十歳のとき、なんと最愛の母・定子が病死してしまったのである。かくして治五郎は、東京で明治政府の文官に転身していた父と同居することになった。

次郎作は、治五郎の教育に大変熱心だった。とくにこれからは英語教育だと信じ、育英塾、官立の英語学校、開成学校（東京大学）と、治五郎にエリートコースを歩ませたのである。明治時代にも教育パパは存在したのである。

だが、背が低く、ひ弱な体質だった治五郎は、いじめっ子の格好の標的にされるようになった。

人一倍気位の高い治五郎にとって、愚弄にされるのは死ぬよりも辛く、どうにかして強くなって自分を馬鹿にする奴らを見返してやりたいと心底願った。

ちょうどそんなおり、小軀でも大男を倒せる柔術の存在を知ったのである。「何としてもこれを修得したい！」そう思った治五郎は、父親の次郎作に「柔術を習わせてほしい」と頼み込んだ。

ところが、次郎作は「もはや武術の時代ではない」とその願いをにべもなくはねつけたのである。

ここで折れなかったところが、治五郎の偉さである。彼は父に無断で柔術家に入門し、既成事実をつくったうえで必死に哀願を重ねたのだった。

最終的に根負けしたのは次郎作のほうだった。

ただし、了承するうえで一つだけ条件を出した。

「やると決めたら最後までやり通す。誓えるか」

そう言ったのである。対して治五郎は、「誓う」と即答したという。

やがて治五郎は、柔術から現在の柔道をあみ出し、下谷北稲荷町永昌寺を借り、講道館という道場を創設した。このおり次郎作は、治五郎の屋敷を来訪した。

せっかく来てくれたのだからと、治五郎はうまいと評判の近所の鰻屋へ父を連れていこうとした。ところが、平素自宅で粗食をしており、鰻屋に行ったことがない。ために、道に迷ってへとへとになり、ついに引き返すはめになったのである。

だが、次郎作はこれをひどく喜んだという。息子が贅沢をしていないことがわかったからである。何ともよい話である。

それから三年後、次郎作は没した。七十四歳だった。

いずれにせよ、この父母ありて嘉納治五郎がおり、世界の柔道があるのである。

なぜ石見《いわみ》大森銀山は世界遺産に登録されたのか？

これから日本史の教科書で、大きく扱われるようになると思われるのが、石見《いわみ》大森銀山である。

これまでは教科書の戦国時代の項目にほんのわずか、それも本文ではなく脚注の中に、「石見大森や但馬生野《たじまいくの》の銀山、佐渡や甲斐黒川の金山などがこのころ開発された」（『日本史B』東京書籍）、「甲斐・駿河・伊豆の金山、石見・但馬の銀山などが有名である」（『詳説日本史B』山川出版）といったように、まさにおしるし程度に載っているに過ぎなかった。そんな石見銀山が二〇〇七年七月にユネスコの世界遺産リストに登録されたことで、一躍日本、いや世界中で有名になったからである。

私はこのニュースを驚きをもって聞いたが、石見銀山はすでに一九六九年に鉱山遺跡としてはじめて国指定史跡になっており、一九九五年には世界遺産への登録を目指し、島根県と地元（大田市）が協力して総合調査をスタートさせ、二〇〇一年には文化庁が決定する世界遺産暫定リストに登録されていたのだ。そして二〇〇七年、ついに世界遺産と認め

島根県大田市大森町の町並み保存地区から発掘された石見銀山の銀精錬の炉と推定される遺跡
(写真提供：毎日新聞社)

られ、そのリストに登録されたのである。

ところで、そもそも世界遺産というのは、どんなものなのか。お子さんに教えることができるよう、お父さんお母さん方にこれに関して少し学んでいただこうと思う。

現在（二〇〇八年七月）、ユネスコの世界遺産リスト登録件数は八七九件にのぼっている。そのうち文化遺産が六七九件、自然遺産が一七四件、複合遺産二五件になる。ちなみに我が国の世界遺産は、石見銀山を含めて一四件（文化遺産一一件、自然遺産三件）である。みなさんは、このうちいくつ答えられるだろうか。

正解は、以下のとおり。

文化遺産：法隆寺地域の仏教建造物、姫路城、京都の文化財、白川郷・五箇山の合掌造り集落、広島の平和記念碑(原爆ドーム)、厳島《いつくしま》神社、奈良の文化財、日光の社寺、琉球王国のグスク及び関連遺産群、紀伊山地の霊場と参詣道、そして石見銀山遺跡とその文化的景観。

自然遺産：白神山地、屋久島、知床。

では、どのようにしたら、世界遺産に指定してもらえるのだろう。

社団法人日本ユネスコ協会連盟の公式HP（http://www.unesco.jp/contents/isan/jlist.html）によれば、世界遺産リストへの登録は、物件を保有しようとする国が世界遺産条約の締約国になったうえで、次のような手続きが必要になるのだという。

国内の暫定リストを作成し、UNESCO世界遺産センターに提出する。
←
暫定リストに記載された物件の中から条件が整ったものを、原則として一年につき各国一物件（世界遺産を一つも持たない国を除く）をUNESCO世界遺産センターに推薦する
←
各国政府からの推薦書を受理する
←
推薦された物件に関して、文化遺産についてICOMOS（国際記念物遺跡会議）、自然遺産についてはIUCN（国際自然保護連合）の専門機関に、現地調査の実施を依頼する
←

ＩＣＯＭＯＳとＩＵＣＮの専門家が現地調査を実施し、当該地の価値や保護・保存状態、今後の保全・保存管理計画などについて評価報告書を作成する

↓

ＵＮＥＳＣＯ世界遺産センターに報告書を提出

↓

ＩＣＯＭＯＳ、ＩＵＣＮの報告に基づき、世界遺産リストへの登録の可否を決定する

このような過程を経て世界遺産リストに登録されるわけだが、では、世界遺産の基準はどのようなものなのだろうか。

それについても、社団法人日本ユネスコ協会連盟の公式ＨＰでその条件が公開されている。

(1)　人類の創造的才能を表す傑作である。

(2)　ある期間、あるいは世界のある文化圏において、建築物、技術、記念碑、都市計画、

景観設計の発展における人類の価値の重要な交流を示していること。

(3)　現存する、あるいはすでに消滅した文化的伝統や文明に関する独特な、あるいは稀な証拠を示していること。

(4)　人類の歴史の重要な段階を物語る建築様式、あるいは建築的または技術的な集合体または景観に関する優れた見本であること。

(5)　ある文化（または複数の文化）を特徴づけるような人類の伝統的集落や土地・海洋利用、あるいは人類と環境の相互作用を示す優れた例であること。特に抗しきれない歴史の流れによってその存続が危うくなっている場合。

(6)　顕著で普遍的な価値をもつ出来事、生きた伝統、思想、信仰、芸術的作品、あるいは文学的作品と直接または明白な関連があること（ただし、この基準は他の基準とあわせて用いられることが望ましい）。

(7)　類例を見ない自然美および美的要素をもつ優れた自然現象、あるいは地域を含むこと。

(8)　生命進化の記録、地形形成において進行しつつある重要な地学的過程、あるいは重要な地質学的、自然地理学的特徴を含む、地球の歴史の主要な段階を代表とする顕著な例であること。

(9) 陸上、淡水域、沿岸および海洋の生態系、動植物群集の進化や発展において、進行しつつある重要な生態学的・生物学的過程を代表する顕著な例であること。

(10) 学術上、あるいは保全上の観点から見て、顕著で普遍的な価値をもつ、絶滅のおそれがある種を含む、生物の多様性の野生状態における保全にとって、もっとも重要な自然の生育地を含むこと。

※なお、世界遺産の登録基準は、2005年2月1日まで文化遺産と自然遺産についてそれぞれ定められていましたが、同年2月2日から上記のとおり文化遺産と自然遺産が統合された新しい登録基準に変更されました。文化遺産、自然遺産、複合遺産の区分については、上記基準(1)~(6)で登録された物件は文化遺産、(7)~(10)で登録された物件は自然遺産、文化遺産と自然遺産の両方の基準で登録されたものは複合遺産とします。

このように、厳しい審査を見事パスして世界遺産リストに登録された石見銀山だが、いったいどこがそんなにスゴイのか、これを詳しく理解している人は、それほど多くないように思う。そこで今度は、その価値を明記している島根県大田市教育委員会石見銀山課のＨＰ（http://ginzan.city.ohda.lg.jp/index.php）を紹介しよう。

１．世界的に重要な経済・文化交流を生み出した

16世紀、石見銀山では、東アジアの伝統的な精錬技術である灰吹法を取り入れることによって銀の現地生産を軌道に乗せ、良質な銀を大量に生産しました。石見銀山で用いられた技術や生産方式は、この後国内の多くの鉱山に伝わり、日本史上まれな銀生産の隆盛をもたらしました。

こうして日本で生産された大量の銀は、貿易を通じて16世紀から17世紀の東アジアへ流通しました。そして、この頃金銀や香辛料を求めて自らの文明圏を越えて世界に活動範囲を拡げつつあったヨーロッパ人が東アジアの貿易に参入し、東西の異なる経済・文化交流が行われるようになりました。

２．伝統的技術による銀生産方式を豊富で良好に残す

石見銀山では、採掘から精錬までの作業が、すべて人力・手作業で行われました。このような作業を行う製錬工房が銀山現地に多数集まることによって、高品質の銀を大量に生産することができました。このことを証明する600カ所以上もの露頭掘り跡や坑道跡が今でも銀山山中に残っており、また、これらに隣接して、かつて製錬工房と生活の場であった平坦地が約1000カ所以上も残っています。

江戸時代の石見銀山では従来の伝統的技術によって銀生産が続けられました。しかし、明治維新を迎えた19世紀後半以後になって、ヨーロッパの産業革命で発展を遂げた新技術が導入されましたが、銀鉱石が枯渇したため鉱山活動が停止していきました。その結果、今日、石見銀山遺跡には鉱山開発の伝統的技術の跡が良好に残されました。

3. 銀の生産から搬出に至る全体像を不足なく明確に示す

石見銀山遺跡には、採掘から精錬まで行われた鉱山跡を中心に、これを外敵から守った城跡が周囲の山々にあり、銀鉱石や銀、銀山で必要とされた物資を輸送した二本の街道が銀山から港までつながっています。さらに、かつて銀山の操業によって栄えた鉱山町や港町は、今日でも地域住民の生活の場となっています。

このように、石見銀山遺跡は、銀の生産から搬出に至る鉱山運営の全体像を不足なく明確に示しています。また、石見銀山遺跡とその周辺では、かつて製錬に必要とされた膨大な木材燃料の供給が、森林資源の適切な管理の下に行われたことにより、今日でも豊かな山林を残しています。このように鉱山に関係する遺跡と豊かな自然環境が一体となって文化的景観を形成する例は、世界的に極めて貴重です。

いかがであろうか。これできっと、石見銀山の価値が理解していただけたのではないかと思う。

さて、そんな石見大森の銀山は発見されたのは、大永六年（一五二六）のことであった。見つけたのは、博多の商人神屋寿禎《じゅてい》。それから数年後、わが国ではじめて朝鮮から渡来した灰吹法による銀精錬がはじまった。

灰吹法とは、採掘した鉱石を砕いて金属分だけを集め、その粉を鉛と一緒に鉄鍋に入れて熱する。すると、銀は鉛とよく結びつくため、加熱によって「貴鉛」と称する銀鉛合金が出来上がるのだ。その「貴鉛」をさらに熱し、今度は骨灰に鉛を浸みこませていくと、やがて銀だけが残る。こうした精錬方法を灰吹法と呼ぶ。ちなみに骨灰というのは、動物の骨を焼いて灰にしたもの。

この灰吹法は、この石見銀山ではじめて用いられ、やがて全国に広まり、日本の銀産出量は爆発的に増加したのである。

ちなみに、宝の山である石見銀山は戦国時代、戦国大名の争奪の地となり、大内氏や尼子氏、毛利氏などがその所有をめぐって激しく争った。しかし、関ヶ原合戦後、石見銀山は徳川家康の直轄地となり、奉行に大久保長安が派遣され、なんと、年間一五トンもの銀を産出するようになった。

戦国時代末期から江戸時代はじめにかけて、世界における銀の三分の一を日本が産出するようになったが、その大半が石見銀山のものであり、採掘に従事する人びとの家も最盛期は一万三〇〇〇戸に達したと推定されている。

しかし、三代将軍家光の時代から銀産出量は減少の一途をたどっていった。しかし、大正十二年（一九二三）に休山するまで採掘は細々と続いたのである。つまり、四〇〇年近くも銀を生み続けていたわけだ。

ただ、世界遺産になったことは、よいことばかりではない。これによって、全国から観光客が殺到するようになった。このため、それまで長閑《のどか》だった大森町（大田市内）などは人であふれ、大型の観光バスやマイカーで渋滞がおこった。

このため、石見銀山周辺の住人たちは排気ガスの臭いやバスの振動で迷惑をこうむり、交通規制を要望する事態になっている。さらに銀山跡には「間部」と呼ばれる坑道跡が約六〇〇も点在するが、これらはコウモリのねぐらになっていた。ところが観光客のラッシュによって、大幅にその数が減少してしまっているのである。

世界遺産に指定されて自然環境や住環境が破壊されてしまうのは、本末転倒である。国や行政のほうで遺跡とその自然をしっかり保護する対策をとったうえで、積極的に石見銀山を世界の人びとに堪能するような方策を考えてもらいたいと思う。

大正デモクラシーなんて、じつはなかった？

みなさんは、日本史の教科書に登場するさまざまな用語は、その当時から使われていると信じているかもしれないが、それははっきりいって大きな誤解である。

たとえば鎖国という語、これは享和元年（一八〇一）にケンペルという外国人の著書を翻訳するさい、志筑忠雄《しづきただお》という学者が造った言葉なのだ。だから江戸時代の人びとは、鎖国制度と聞いても何のことかわからなかったはず。

藩という語も同じ。正式にこれを採用したのは明治政府なのだ。だから江戸時代の人びとに「長州藩邸はどちらですか」と尋ねても、きっと首をひねるばかりだろう。

鎌倉六（新）仏教だって江戸時代に成立した概念だし、鎌倉幕府なんて明治時代になってようやく使われるようになった用語なのだ。

これを聞いてびっくりするかもしれないが、そのような歴史用語は数え切れない。

大正デモクラシーという言葉をみなさんもご存知だと思うが、これも同様だ。

研究者の信夫清三郎がその著書『大正デモクラシー史』（日本評論社）のなかで唱えた

概念で、なんと昭和二十九年（一九五四）、つまり戦後に使われ出した語なのである。

しかし、この大正デモクラシーという用語は、現在の『日本史B』の教科書一一種類中、すべてに登場する。

いかに重要な用語であるかがわかるだろう。ところが、いったいどのような概念を指すのかが、まだ学界のなかでしっかり定まっていないのである。

ためしに『日本近現代史研究事典』でこの言葉を調べてみると、

「大正デモクラシーは、前後の時代に比しデモクラティックな風潮が相当高揚した時代と解すべきで、この傾向は明治の藩閥政治の旧守化、官僚民卑的・強圧的傾向への反発、一部に膨張主義などへの批判を含み、市民的自由の拡大、大衆の政治参加などの形をとる。その二大成果として政党政治の実現と普選案の通過があげられる。そしてこの時期を二分する大事件として米騒動をあげる」（東京堂出版）

ここからわかるように、大正デモクラシーという語には、極めて多様な事象や概念が含まれ、この語をひとくくりにして断じるのは困難であることがわかる。

そこで本稿では、この大正デモクラシーの現在における研究状況がいったいどのようになっているかを詳述していく。かなりアカデミックな内容なので、けっこう難解かもしないが、ご一読いただければと思う。

大正デモクラシーの開始は、明治三十八年（一九〇五）の日比谷焼打ち事件とするのが一般的である。だが、終期についての学者の主張はまちまちで一定していない。大正末年を終期とするのが信夫清三郎、松尾尊兊、三谷太一郎、伊藤之雄ら。満州事変とするのが今井清一、金原左門、成田龍一などである。

たとえば伊藤之雄は、次のように述べている。「大正デモクラシーの時代を、（一）国内の政治・経済・社会の民主化、（二）差別問題、（三）中国・朝鮮に対する侵略政策の克服などをめざし、互いの立場をこえて多くの日本民衆が活動した時代」と定義し、「都市部においての大正デモクラシーは、日露講和反対運動に始まり、一九一九〜二〇年の普選運動でピークを迎え、一九二二〜二三年前半に労働運動主流が普選運動に背を向け、二三年秋の関東大震災で京浜地方を中心に国民意識が保守化することで、一九二三年までにほぼ終わるといえる。…（略）…農村部においては、一九二〇年まではあまり大正デモクラシーの潮流はあまりみられない。…（略）…しかし第二次護憲運動のもと、二四年五月の総選挙までに、普選を求める声は青年党などの運動を通じ高まっていく。

護憲三派、とりわけ早くから青年党の青壮年たちと対立することはなかった。その理由は、農村部が全体として保守的であり、それを改革する運動が地域社会のつながりを媒介に起きていること、農村部の青年たちは知識水準が高くなく、都市部の社会運動の指導者と異なり、最先端の思想の対立を強く意識するほどになっていなかったことなどである。

農村部における大正デモクラシー潮流のピークは、一九二〇年代半ばである。こうした青年党などのかたちで農村部のデモクラシー運動に参加した青壮年の指導者も、一九二七〜八年にかけて、社会主義運動・無産運動に本格的に加わっていく一部の青年と、既成政党の地方幹部となり、地方議会議員として地域の改善に活動する者とに分化してくる。

これは社会主義思想に関心を示す者への官憲の弾圧が、最初に治安維持法が適用された一九二六年初頭の京都学連事件以降本格化することや、一九二六年末までに無産運動が分裂し、三党に系列化してゆくことによって促進された。部落単位の農民組合のゆるやかな連合体として発展した日本農民組合も、二六年には路線をめぐって同様に分裂した。農村部の大正デモクラシーの時代も一九二七年〜八年に終わるのである」(『シリーズ日本近現代史　大正デモクラシー　民衆の登場』岩波ブックレット　1992年)

このように、大正デモクラシーの時期を都市部と農村部に分けて捉え、都市部は一九二三年、農村部は一九二七〜二八年に終わったと主張する。

こうした考え方は、もちろん教科書には登場しない。

これに対して、今井清一、金原左門、成田龍一などは、満州事変の前までと考えている。そうした研究者たちは、大正デモクラシーを主に以下のように三期に分けて捉えている。

①初期＝明治末年まで…日比谷焼打ち事件

②中期＝大正前期…大正政変、吉野作造の「民本主義」、米騒動

③大正後半から昭和初期…原内閣の登場、政党内閣の成立、普選案の通過、友愛会の発展

いずれにせよ、大正デモクラシーという歴史用語の定義のみならず、時期についても、研究者の間で意見が分かれているという現状なのである。

さらに、江口圭一は、「日露戦争後から第一次世界大戦にいたる間の、また大戦後さらに成長する新しい政治的動向・潮流や新しい思想・風潮は一般に『大正デモクラシー』と呼ばれる。しかし、その始期は明治に属し、終期は昭和であって（本論の見解は一九三二年まで）、その一九〇五―三二年の二八年間のうち一三年間は大正にぞくしていない。

また元号を公的に使用させるのは天皇制の最強・最後の支配装置であり、その結果日本

国民は『明治時代』『大正時代』『昭和時代』といった王朝史観的歴史感覚に深くなじまされているが、それだけにかえって元号を歴史研究上の基本的タームに用いることは可能なかぎり避けるべきである。

『大正デモクラシー』を不適切であるとしたアメリカ人研究者ならではの提案〔ゴードン―一九八七〕を、根拠・解釈は若干異なるが支持したい。インペリアル・デモクラシーは、対内的には天皇制立憲主義の全体の変革ではなく、その専制主義的側面の立憲主義的改良を求めたものであり、対外的には大日本帝国の膨張の抑制ではなく、その成果の護持を当然視するものであった」(「一九一〇年―三〇年代の日本――アジア支配への途」江口圭一著『岩波講座日本通史　近代3』岩波書店　1994年)と述べ、大正デモクラシーに代わってインペリアル・デモクラシーという語を用いるべきだと主張する。

こうした論調に対して有馬学は、きっぱりと大正デモクラシーという用語自体を否定する。

この「概念は後世の価値観で汚染されている度合いが大きい。古人骨からDNAを採取しようとする研究者は、自分の汗で汚染された資料のDNAを古代人のDNAと見誤ってはならない。『デモクラシー』のような価値的な概念を歴史的現実に適用しようとするときには、とくに注意する必要がある」とその著書『日本の近代4「国際化」の中の帝国日本』（中央公論社1999年）で唱え、さらにその後、「『大正デモクラシー論』の現在―民主化・社会化・国民化」（『日本歴史第700号』2006年9月号所収 吉川弘文館）において、以下のように大正デモクラシーという概念自体を無意味なものだと述べている。

「『大正デモクラシー』という概念もしくは枠組みそのものを、日本近代史の論点・争点として検討する意味はほとんどないと思われる」、「大正デモクラシーという言葉に、時代を画するような求心的な概念としての役割を見ることはできないし、求められてもいないように思われる」、「こんにち大正デモクラシーを語る研究が示しているのは、収斂よりも拡散、拡散が悪ければ視点の多様化であり相対化である。多様化、相対化が進めば、それらを大正デモクラシー研究として特徴付ける意味は希薄になる」、「ある時代（時期区分の問題は措くとして）その前後の時代と対局的に区分したり、デモクラシー―反デモクラシーという基軸によって諸政治主体を差異化することのリアリティーが全体に希薄になっている」

いかがであろうか。かなり学術的な論を列記してみたが、日本史の教科書すべてに登場する「大正デモクラシー」という超有名な歴史用語だが、じつは時期やその概念、さらには用語の有用性についてまで論争中であり、しっかり確定していない現状を理解していただけたのではないだろうか。

つまり、教科書というのは、そのまま鵜呑みにしてはいけないのである。その内容の大半は、これまで定説とされてきたものだったり、有力な説の一つを書いていることが多く、今後の研究動向によっては、消えて無くなることも少なくないのである。

もしかしたら近い将来、教科書から「大正デモクラシー」の語が消えてなくなる可能性もあるのである。

本書は文庫のための書下ろしです。

一〇〇字書評

切り取り線

購買動機（新聞、雑誌名を記入するか、あるいは○をつけてください）

- □（　　　　　　　　　　　　）の広告を見て
- □（　　　　　　　　　　　　）の書評を見て
- □ 知人のすすめで
- □ タイトルに惹かれて
- □ カバーがよかったから
- □ 内容が面白そうだから
- □ 好きな作家だから
- □ 好きな分野の本だから

●最近、最も感銘を受けた作品名をお書きください

●あなたのお好きな作家名をお書きください

●その他、ご要望がありましたらお書きください

住所	〒				
氏名		職業		年齢	
新刊情報等のパソコンメール配信を 希望する・しない		Eメール	※携帯には配信できません		

あなたにお願い

この本の感想を、編集部までお寄せいただけたらありがたく存じます。今後の企画の参考にさせていただきます。Eメールでも結構です。

いただいた「一〇〇字書評」は、新聞・雑誌等に紹介させていただくことがあります。その場合はお礼として特製図書カードを差し上げます。

前ページの原稿用紙に書評をお書きの上、切り取り、左記までお送り下さい。宛先の住所は不要です。

なお、ご記入いただいたお名前、ご住所等は、書評紹介の事前了解、謝礼のお届けのためだけに利用し、そのほかの目的のために利用することはありません。

〒一〇一－八七〇一
祥伝社黄金文庫編集長　吉田浩行
☎〇三（三二六五）二〇八四
ohgon@shodensha.co.jp

祥伝社ホームページの「ブックレビュー」からも、書けるようになりました。
http://www.shodensha.co.jp/bookreview/

祥伝社黄金文庫

祥伝社黄金文庫　創刊のことば

「小さくとも輝く知性」――祥伝社黄金文庫はいつの時代にあっても、きらりと光る個性を主張していきます。

真に人間的な価値とは何か、を求めるノン・ブックシリーズの子どもとしてスタートした祥伝社文庫ノンフィクションは、創刊15年を機に、祥伝社黄金文庫として新たな出発をいたします。「豊かで深い知恵と勇気」「大いなる人生の楽しみ」を追求するのが新シリーズの目的です。小さい身なりでも堂々と前進していきます。

黄金文庫をご愛読いただき、ご意見ご希望を編集部までお寄せくださいますよう、お願いいたします。

平成12年(2000年)2月1日　　祥伝社黄金文庫　編集部

昭和《しょうわ》の教科書《きょうかしょ》とこんなに違《ちが》う　驚《おどろ》きの日本史講座《にほんしこうざ》

平成21年9月5日　初版第1刷発行

著者　河《か》合《わい》　敦《あつし》

発行者　竹内和芳

発行所　祥《しょう》伝《でん》社《しゃ》

東京都千代田区神田神保町3-6-5
九段尚学ビル　〒101-8701
☎03(3265)2081(販売部)
☎03(3265)2084(編集部)
☎03(3265)3622(業務部)

印刷所　堀内印刷

製本所　ナショナル製本

ISBN978-4-396-31492-7 C0121

祥伝社のホームページ・http://www.shodensha.co.jp/

祥伝社文庫・黄金文庫

井沢元彦　言霊Ⅱ

言霊というキーワードで現代を解剖し「国際人」の自己矛盾を見事に暴く！小林よしのり氏も絶賛の一冊！

井沢元彦　日本を殺す気か！

「試験エリート」たちが頻繁に繰り返す不祥事と厚顔無恥な無責任体質、その病巣を歴史的見地から抉《えぐ》る！

井沢元彦　激論 歴史の嘘と真実

これまで伝説として切り捨てられていた歴史が本当だったら？　歴史から見えてくる日本の行く末は？

井沢元彦　「言霊の国」解体新書

日本の常識は、なぜ世界の非常識なのか。「平和主義者」たちが、この国をダメにした！

井沢元彦　日本史集中講義

点と点が線になる——一冊で、日本史が一気にわかる。井沢史観のエッセンスを凝縮！

泉　三郎　堂々たる日本人

この国のかたちと針路を決めた男たち——彼らは世界から何を学び、世界は彼らの何に驚嘆したのか？

祥伝社文庫・黄金文庫

井上宗和
日本の城の謎（上）戦国編
なぜ秀吉は城攻めの天才と呼ばれるのか、なぜ名城には人柱《ひとばしら》伝説があるのか…名将たちの人間ドラマ。

井上宗和
日本の城の謎（下）攻防編
なぜ江戸城は世界最大の城といわれるのか、なぜ清正《きよまさ》は鉄壁の石垣を築いたのか…武将の攻防の裏面史。

井上宗和
日本の城の謎 番外・伝説編
家康を呪い続けた〝金の鯱《しゃち》〟、切支《キリシ》丹《タン》の怨みのこもる原《はら》城…名城に残る伝説に、隠された歴史の真相が！

楠戸義昭
日本の城 恐怖伝説
姫路、熊本、金沢…現地を徹底取材！名城は、愛憎と権力が渦まく修羅の空間だった！

楠戸義昭
車窓から歴史が見える
新幹線は大都市を結ぶ単なる交通手段ではない―関ヶ原の合戦、忠臣蔵など日本の著名な事件が展開する。

邦光史郎
義経《よしつね》の謎
突如として歴史の舞台に登場、わずか十年足らずの活躍でその生涯の幕を閉じた悲劇の英雄の新たな謎。

祥伝社文庫・黄金文庫

邦光史郎　法隆寺の謎

左右対称でない回廊、金堂になぜ本尊が三体あるのか…謎、謎、謎に包まれた世界最古の木造建築に挑む。

邦光史郎　飛鳥《あすか》の謎

なぜ不毛の地・飛鳥《あすか》に王宮が造られ、文明が生み出されたのか？　初めて明かされる飛鳥時代の意外史。

小林恵子《やすこ》　本当は怖ろしい万葉集

天武天皇、額田王、柿本人麻呂…秀歌に隠されていた古代史の闇が、今、明らかに――。

須藤公博　愛と欲望の日本史

家光はコスプレ好き・ニセ札づくりを指示した大蔵大臣とは？…有名人たちのトンデモないエピソード。

須藤公博　夜つくられた日本の歴史

聖徳太子の政治力の源は絶倫パワー、三角関係のモツレで起きた壬申の乱等々、日本史㊙エピソード満載！

高野　澄　春日局《かすがのつぼね》と歴史を変えた女たち

江戸城の独裁者春日局、家康に対抗した淀君、足利義政の御台所日野富子、尼将軍北条政子…四人の真の姿。

祥伝社文庫・黄金文庫

高野 澄
京都の謎 伝説編
インド呪術に支配された祇園《ぎおん》、一休《いっきゅう》和尚伝説、祇王《ぎおう》伝説…京都に埋もれた歴史の数々に光をあてる！

高野 澄
京都の謎 戦国編
なぜ本願寺は東西に分かれたのか？ 西陣があってなぜ東陣がないのか？ なぜ先斗町《ぽんと》と呼ばれるのか？

高野 澄
京都の謎 幕末維新編
龍馬、桂小五郎、高杉晋作、近藤勇…古い権力が倒れ、新しい権力が誕生する変革期に生きた青春の足跡！

高野 澄
伊勢神宮の謎
なぜ「内宮《ないくう》」と「外宮《げくう》」に分かれているのか、なぜ二十年ごとに再建されるのか等々、二千年の謎に迫る。

高野 澄
熊野三山 七つの謎
「熊野詣」とは、日本人の「生」と「死」を考える旅である。白河上皇、平清盛、春日局…彼らが遭遇した壮絶なドラマ！

奈良本辰也
高野 澄
京都の謎
これまでの京都伝説をひっくり返す秘密の数々…アッと驚く、誰でもが知っている名所旧跡の謎。

祥伝社文庫・黄金文庫

神辺四郎
奈良本辰也監修
本当はもっと面白い戦国時代

戦国時代、男の遊びとして大ブームだったのは？　戦場での救急医療のノウハウは？　肩の凝らない歴史読み物。

樋口清之
秘密の日本史

仏像の台座に描かれた春画、平城京時代からある張形…と学校の教科書では学べない隠された日本史！

樋口清之
逆《さかさ》・日本史〈昭和→大正→明治〉

〝なぜ〟を規準にして歴史を遡《さかのぼ》っていく方法こそ、本来の歴史だと考えている。（著者のことばより）

樋口清之
逆・日本史〈武士の時代編〉

「樋口先生が語る歴史は、みな例外なく面白く、そしてためになる」（京大名誉教授・会田雄次氏激賞）

樋口清之
逆・日本史〈貴族の時代編〉

「なぜ」を解きつつ、日本民族の始源に遡《さかのぼ》る瞠目の書。全国民必読のロング・ベストセラー。

樋口清之
逆・日本史〈神話の時代編〉

ベストセラー・シリーズの完結編。「疑問が次々に解き明かされていく興奮を覚える」と谷沢永一氏も激賞！